吉林少数民族丛书

2015年度吉林省社会科学基金项目（重点委托项目）

项目编号：2015WT5

吉林少数民族丛书 / 朴松烈 主编

吉林蒙古族

赵准胜 包玉文 编著

辽宁民族出版社

图书在版编目（CIP）数据

吉林蒙古族 / 赵准胜，包玉文编著. —沈阳：辽宁民族出版社，2016.5

（吉林少数民族丛书 / 朴松烈主编）

ISBN 978-7-5497-1333-2

Ⅰ. ①吉…　Ⅱ. ①赵…　②包…　Ⅲ. ①蒙古族—民族历史—吉林省　Ⅳ. ①K281.2

中国版本图书馆CIP数据核字（2016）第116134号

吉林蒙古族

JILIN MENGGUZU

出版发行者：辽宁民族出版社
地　　　址：沈阳市和平区十一纬路25号　邮编：110003
印　刷　者：辽宁新华印务有限公司
幅 面 尺 寸：180mm×250mm
印　　　张：15
字　　　数：240千字
出 版 时 间：2016年5月第1版
印 刷 时 间：2016年10月第1次印刷
责 任 编 辑：吴昕阳
封 面 设 计：杜　江
责 任 校 对：林　华

标准书号：ISBN 978-7-5497-1333-2
定　　价：45.00元

法律顾问：陈　光　　举报电话：024-23284336

邮购电话：024-23284335

联系电话：024-23284340
网　　址：www.lnmzcbs.com
淘宝网店：lnmz2013.taobao.com

《吉林少数民族丛书》
编辑委员会

总 序

我们十分高兴地把《吉林少数民族丛书》推荐给各位读者。

这是迄今为止吉林省第一套全面、系统介绍全省少数民族的专著。它的问世，是吉林省民族学界在这一领域开拓性研究成果的展示，也为省内外读者了解吉林少数民族、关注吉林少数民族打开了一扇窗。

吉林省地处东北地区中部，东枕长白山林海雪原，中居松辽平原腹地，西连内蒙古科尔沁草原，松花江碧流贯穿其间。根据考古发现，距今7万年至1万年前，“榆树人”“安图人”“青山头人”就已生活在这片土地上。吉林是古代华夏、东胡、秽貊、肃慎四大族系交汇之地，东胡族系的乌桓、鲜卑、契丹、室韦、蒙古，秽貊族系的夫余、高句丽，肃慎族系的肃慎、挹娄、勿吉、靺鞨、女真、满洲等古代民族，都曾在吉林大地上演过一幕幕鲜活壮阔的历史剧。斗转星移，随着历史的演进，各民族不停地在历史长河中碰撞、融合、再生，有的民族延续至今，有的民族融入其他民族，形成新的民族共同体。时至今日，吉林省共有55个少数民族，其中人口较多的有朝鲜族、满族、蒙古族、回族、锡伯族等5个少数民族，并仍保留着东部满族、朝鲜族，西部蒙古族，中部及遍及全省的回族大杂居小聚居的民族分布格局。各民族共同组成了2700万人口的大家庭，共同开发了白山松水锦绣家园，共同创造了悠久的吉林历史、灿烂的吉林文化和独特的吉林民族风情，极大地丰富了中华民族文化宝库。

民族作为一个历史范畴，是人类社会发展到一定阶段的产物，有其产生、发展和消亡的客观规律。不同的地域风格，不同的民族背景，不同的历史传统，熔铸出不同品格的民族个性，也表现出各民族自身存在的独特价值。正如古人所说："凡民函五常之性。而其刚柔缓急，音声不同，系水土之风气，故谓之风。好恶取舍，动静无恒，随厥情欲，故谓之俗。"吉林省各少数民族，在漫长的历史长河中，在改造自然的活动过程中，形成了独具特色的民族历史、经济、文化形态，成为吉林地域特色文化的重要组成部分。

为了弘扬和保护吉林各民族传统文化，增强文化认同，建设各民族共有精神家园，吉林省民族事务委员会组织编写了《吉林少数民族丛书》，通过介绍今天吉林省境内5个人口较多少数民族的历史、政治、经济和文化发展，向世人展示这5个民族在吉林的概貌及其发展轨迹，阐述5个少数民族文化在整个中华民族文化中的地位、作用及其重要贡献，从而增进各民族相互了解，提高民族自尊心、自信心和自豪感，弘扬优秀的少数民族文化，为建设中国特色社会主义服务。

这套《吉林少数民族丛书》是一部面向广大干部群众的民族知识宣传普及读物。在编写过程中，编者牢牢地把握了促进民族关系和谐与增进民族团结、弘扬民族精神与传播地域特色文化、打好民族牌与推动地方经济社会发展、传承民族文化与保留民族记忆四项原则，务求用生动形象的笔墨，真实地记述吉林各民族的历史源流、人口变迁、社会生活、文学艺术、民族区域自治和历史人物等。值得称道的是，参加这套丛书撰写的，有不少是本民族的专家学者。他们通过对本民族历史文化的研究，不仅以自己对民族文化的熟悉和深刻理解弥补了文献资料和目前研究中的不足，周详细致地完成了本民族历史文化的描述，而且更体现了少数民族历史文化知识的推介对增强民族之间的了解、交流，丰富和推动吉林省民族研究所具有的作用和贡献。

习近平总书记在中央民族工作会议上指出：“民族团结是各族人民的生命线……各民族要相互了解、相互尊重、相互包容、相互欣赏、相互学习、相互帮助，像石榴籽那样紧紧抱在一起。”《吉林少数民族丛书》为读者加深对少数民族的了解，增进民族团结提供了很好的读物。相信在党的民族政策的光辉照耀下，吉林各民族手足相亲、守望相助、携手共进，一定会谱写出民族团结进步更加壮美的新篇章！

《吉林少数民族丛书》编委会

前 言

蒙古族是一个粗犷、豪放、能歌善舞的民族，不仅有自己辉煌的历史，而且有表现力极为丰富的语言文字，有极富民族特色的传统"三艺"：摔跤、赛马、射箭，有自己博大精深的哲学、医学、文学、兵法、美术等灿烂文化。在历史发展过程中，吉林省蒙古族同其他兄弟民族和谐相处、休戚与共，逐渐形成了大片杂居、小片聚居和零星散居的分布格局。杂居的蒙古族主要在白城地区的镇赉县、通榆县、大安市、洮南市，以及四平地区的双辽市，聚居的蒙古族主要在松原市前郭尔罗斯蒙古族自治县。作为吉林世居少数民族，蒙古族与其他兄弟民族共同经历了中华民族各个历史时期的考验，开创了富有鲜明的民族特色与地域特色的历史和文化。

毋庸置疑，吉林蒙古族文化是吉林文化的重要组成部分，也是吉林文化发展的重要动力源泉。比如，蒙古族传统的生活方式与今日莫莫格自然保护区、查干湖文化的形成有着千丝万缕的联系，与对待人与自然、人与社会、人与人之间关系问题上形成的基本态度和准则密切相关。作为吉林省西部面积最大、最典型的湿地类型保护区——莫莫格国家级自然保护区，总面积14.4万公顷，其中湿地面积占全区总面积的80%以上，被誉为"吉林西部之肾"。2010年，莫莫格湿地所在的吉林省镇赉县被中国野生动物保护协会授予"白鹤之乡"的美誉，莫莫格湿地也在2013年加入国际重要湿地名录。前郭尔罗斯蒙古族自治县境内有大小湖泊27处，其中查干湖面积420平方公里，是吉林第一大淡水湖，其神秘原始的查干湖渔猎文化和冬季捕鱼的壮观景色，吸引着天南海北的无数游客，而借助丰富的水资源建成的灌区，已成为东北四大灌区之一。从某种意义上说，正是从古至今吉林蒙古族“逐水草而居”、敬畏自然的传统与习俗才成就了今天的“白鹤之乡”和“鱼米之乡”；同时也说明，在不断融汇现代文明的过程中，吉林蒙古族文化得以延伸、升华，实现了文化功能的提升，从而展现出吉林蒙古族文化作为现代文明重要载体的时代风貌。

传承和发展吉林蒙古族文化，具有非常重要的意义，这也是时代赋予我们的历史使命。令人欣喜的是，在党和政府的关心支持下，吉林省蒙古族文化的传承与发展呈现出勃勃生机，为弘扬蒙古族优秀传统文化，增进各民族之间的团结协作与和谐社会，发挥了重要作用。

这是一本集中展示吉林蒙古族风貌的图书，在观照历史的同时，着重展示了具有当代吉林特点的蒙古族文化，力图为广大读者提供一本集知识性、趣味性、可读性与权威性于一身的图文并茂、信而有证、雅俗共赏的读物，使大家能够对吉林蒙古族有更为全面和深入的了解。然而，由于笔力所限，亦受篇幅所囿，不当和疏漏之处在所难免，诚望广大读者批评、指正！

目录

第一章 沧桑历史

一、族源

蒙古之名，起源于蒙古地区东北部的一个室韦部落——蒙兀室韦。“蒙兀”是蒙古一词最早的汉文译写，见于《旧唐书·北狄传》。蒙兀室韦的居住地在望建河（今额尔古纳河），《蒙古秘史》记载，7世纪时，成吉思汗的始祖孛儿帖赤那，带领着蒙古部落离开额尔古纳河的密林西迁，渡腾汲思海，到斡难河上游的不儿罕山驻牧。

《蒙古秘史》书影

关于蒙古的起源，有这样一个传说：很早以前，蒙古人的祖先在一次战争中打了败仗，只有7个人脱险幸存，蒙古民族是由这7个人繁衍而来的。波斯史学家拉施特在《史集》中记载：“大约距今两千年前，古代被称为蒙古的那个部落，与另一些突厥部落发生了内讧，终于引起战争。”“另一些部落战胜了蒙古人，对他们进行了大屠杀，使他们只剩下两男两女。这两家人害怕敌人，逃到了一处人迹罕至的地方，这个地方叫额儿古涅·昆，那两个人的名字为捏古思和乞颜”。“蒙古各部族起源于遁入额儿古涅·昆的这两个人”。

“蒙古”一词，最早见于《三朝北盟汇编·炀王江上录》，意为“永存的圣火”。辽、宋、金时代，“蒙古”以萌古、毛褐、蒙古里、盲骨子、朦骨、蒙辅等译名见于史籍，或被辽金泛称为“阻卜”。其时由尼伦蒙古（圣洁蒙古）和迭儿列勤蒙古（普通蒙古）两大支组成合木合蒙古（全体蒙古），他们对辽金王朝时附时叛，经常遭受残酷的镇压和杀戮。

正隆年间，蒙古由盛转衰，被其他部落兼并攻杀。蒙古乞颜部孛儿只斤氏贵族铁木真，历经艰辛，统一蒙古诸部，兼并其他蒙古化突厥部落，于泰和六年（1206）建立大蒙古国，被拥戴为蒙古大汗，号成吉思汗。成吉思汗为大蒙古国制定军事、政治和法律制度，发展和完善北方游牧民族的万户、千户、百户划分制度，创立大汗直接掌握的护卫军，实行按等级身份分配牧地与人口的分封制，颁行《大扎撒》法典，创制畏兀儿体蒙古文字，将“黄金家族”的统治地位确立起来。

大蒙古国的建立，标志着一个具有共同语言、共同地域、共同文化的蒙古民族的最终形成。

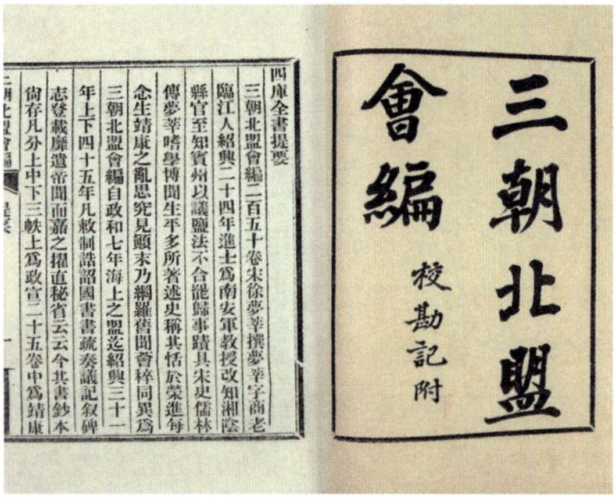

三朝北盟會編 校勘記附

四庫全書提要
三朝北盟會編二百五十卷宋徐夢莘撰夢莘字商老
臨江人紹興二十四年進士爲南安軍教授改知湘陰
縣官至知賓州以議鹽法不合罷歸事蹟具宋史儒林
傳夢莘嗜學博聞生平多所著述史稱其恬於榮進每
念生靖康之亂思究見顛末乃網羅舊聞薈稡同異爲
三朝北盟會編自政和七年海上之盟迄紹興三十一
年上下四十五年凡敕制誥詔國書書疏奏議記叙碑
志登載靡遺帝聞而嘉之擢直秘省云云今其書鈔本
倘存凡分上中下三帙上爲政宣二十五卷中爲靖康

《三朝北盟会编》书影

查干花草原

二、金元时期的吉林蒙古族

吉林省蒙古族是世居民族，主要由科尔沁部、郭尔罗斯部、扎赉特部和一少部分喀喇沁部蒙古族居民组成。按照清朝时期对蒙古部族实行的盟旗制管理体系，分别隶属于科尔沁右翼中旗、科尔沁右翼前旗、科尔沁右翼后旗、科尔沁左翼中旗、郭尔罗斯前旗和扎赉特旗。他们既有着共同的蒙古族族源，又有着不同的部落传说；他们世代在这片土地上繁衍生息，并创造出独具特色、丰富多彩的民族文化；他们为多民族聚居的吉林省增添了色彩，他们各自不同的历史渊源和文化传承，使吉林省的历史文化更加耀眼夺目。

1. 金朝晚期的郭尔罗斯部

金朝晚期，即金章宗统治时期，由于契丹农牧民的起义，使泰州、临潢一带一直处于动荡不安之中。这时居住在洮儿河以北的蒙古人"连岁扰边"，伺机南下。为了平定边患，巩固东北路边疆，金朝从明昌六年（1195）正月至承安二年（1197），连续发动三次大规模征讨。其中承安二年（1197）的第

《郭尔罗斯源流画》丙烯画

三次征讨，完颜宗浩率一万金军从泰州出发，沿洮儿河经索伦北进，征讨大兴安岭以西的蒙古部落。征讨取得胜利后，为了削弱当时较强大的蒙古弘吉剌部，将其中以纳仁汗为首的豁罗剌思部（郭尔罗斯部）迁至金国内地的嫩江两岸和今天的白城、松原一带。这是历史上吉林西部区域最早入住的蒙古族居民，他们的后代一直延续至今。

阿阑·豁阿——缔造圣洁的尼伦蒙古部落

阿阑·豁阿，意为"奇美的妇人"。生于10世纪，成吉思汗十一世祖朵奔·篾儿干的妻子。阿阑·豁阿出自豁罗剌思部，她缔造了伟大的蒙古，缔造了尼伦氏族，缔造了孛儿只斤家族。

阿阑·豁阿雕像

朵奔·篾儿干故去后，阿阑·豁阿与朵奔·篾儿干所生的两个儿子的后裔，构成迭儿列勤蒙古，"感光生子"的三个儿子构成尼伦蒙古。其幼子孛端察儿的后裔，构成了孛儿只斤氏族，这个氏族就是史称的蒙古黄金家族。阿阑·豁阿的第八代孙合不勒为蒙古第一位大汗，第十一代孙就是建立蒙古大帝国的元太祖成吉思汗。阿阑·豁阿也由此成为"蒙古三贤圣母"之首。

2. 蒙古帝国时期的蒙古部

（1）哈萨尔率部占领吉林西部及白城地名的由来

哈萨尔是成吉思汗的二弟，生于大定四年（1164），哈萨尔全称为哈布图·哈萨尔，又译为拙赤·哈萨尔。哈萨尔从小食量过人，长得魁伟强壮，力大善射。

成吉思汗像

大定二十九年（1189），铁木真第一次称汗后，哈萨尔率领忽必来等三人担任带刀侍卫（云都赤）。哈萨尔是嫩科尔沁十旗（科尔沁右翼三旗、科尔沁左翼三旗、郭尔罗斯前后两旗、扎赉特旗、杜尔伯特旗）、阿鲁科尔沁旗、茂明安、四子王旗、乌拉特、和硕特、阿拉善的始祖。

崇庆二年（1213）秋，成吉思汗兵分三路进攻金国，对金国展开了强大的军事打击。在蒙古军队的强大攻势下，金国遣使求和，成吉思汗退出居庸关，然后派二弟哈萨尔率左路蒙古军队沿海而进。

哈萨尔遵命率左路军沿渤海而下，直逼金北京（今内蒙古宁城县辽中京古城）。金国派宣抚使兼留守奥屯襄统帅二十万大军阻击哈萨尔统帅的蒙古大军，奥屯襄大败退守北京城，哈萨尔率军对北京城展开了强大的攻势，守城金将不支以城降。攻克北京后哈萨尔乘胜降服女真人蒲鲜万奴，迫使蒲鲜万

洮儿河风光

奴于贞祐四年（1216）投降蒙古。哈萨尔归途中又攻克金国东北诸城镇，在占领今吉林省西部金泰州以后，在洮儿河畔安营扎寨。哈萨尔是蒙古科尔沁部的始祖，科尔沁部崇尚白色，上万人的军队，几千顶白色的帐篷驻扎在洮儿河畔，因规模庞大，蒙古人称之为“查干浩特”。

“查干浩特”为蒙古语，“查干”，汉意为“白”；“浩特”，汉意为“城”，后来人们将今天白城这个地方称作“白城子”，意为“白色的城市”，蒙古语为“查干浩特”。今天白城地名就是由此而来。

哈萨尔率军在白城扎营期间，除占领金国管辖的地域外，还先后派军队征服和收降了松花江、嫩江流域的女真人和金朝晚期从呼伦贝尔草原迁来的郭尔罗斯部。

哈萨尔军队收降了以纳仁汗为首的郭尔罗斯部后，要求他们跟随蒙古军队出征，纳仁汗以年迈体弱为由，请求在故里安度晚年。蒙古军队当时正处于战争的紧要关头，也没有更多地规劝，只好将其纳为蒙古的属部，就地安置，防守家园。哈萨尔在收服吉林省西部的女真人和早期迁来的蒙古郭尔罗斯部后，遂于贞祐四年（1216），沿洮儿河返回位于额尔古纳河的营地。这时金军已放弃了吉林省西部及周边地区，位于洮儿河流域及淖尔河流域、嫩江流域的金长城，已成为有城无防，任由蒙古军队随意往来的通道。

哈布图·哈萨尔画像

哈布图·哈萨尔——嫩科尔沁四部始祖

哈布图·哈萨尔，成吉思汗仲弟，生于大定四年（1164），卒年不详。

他从少年时代起一直跟随成吉思汗为蒙古民族的形成和大蒙古帝国的建立立下了不朽功勋，被认为是蒙古历史上值得纪念的伟大政治家和军事家之一。

阿拉坦——哈布图·哈萨尔大王的夫人

阿拉坦夫人画像

波·少布先生在《黑龙江蒙古研究》一书中考证，哈布图·哈萨尔大王的夫人阿拉坦系郭尔罗斯人。阿拉坦夫人与哈萨尔育有五子，即长子也苦、二子也松格、三子脱忽、四子巴忽克塔儿、五子哈剌儿珠。

后来，也松格成为蒙古汗国时期无人能比的“大弓箭手”，继承了其父哈萨尔的“箭气之美”。

（2）蒙元时期进入吉林西部的帖木格·斡赤斤部

泰和六年（1206）蒙古帝国建立后，成吉思汗将国内百姓编为95个千户，分别封给在统一蒙古高原各部落、为建立蒙古汗国立下赫赫战功的开国功臣、贵戚们，任命他们为千户长，让他们世袭领有各千户。

成吉思汗将蒙古国东部地区分封给四个弟弟和五个投下，史称东道蒙古诸王。成吉思汗四弟帖木格·斡赤斤受封最早，所得土地与民户最多，其权势地位居东道诸王之首。初次封地在哈拉哈河至大兴安岭地区，后在斡赤斤家族极盛时期，其自行扩占地区南界达黑龙江省汤旺河流域，北已延伸至外兴安岭和整个松花江以北地区，包括嫩江流域和今白城、松原地区。

在窝阔台执政期间，帖木格·斡赤斤家族得到了更多的恩惠，其势力已扩展到大兴安岭以东地区和吉林西部的嫩江流域和松花江流域。这标志着蒙古黄金家族斡赤斤部众进入了今吉林省西部地区。从这一时期开始先后有斡赤斤及其后裔的部众在吉林省西部和周边地区建立王府，安营扎寨，并留下了大量可考的遗址、遗物。

镇赉县后少力古城出土的屋脊兽

为了加强对如此广大的封地进行有效的管理，斡赤斤在封地内除沿用发挥辽金时期故城外，还在其封地内建了诸多新城池，其中位于今吉林省西部的白城市镇赉县沿江镇后少力古城就是当年帖木格·斡赤斤大王所建。

在白城市和松原市还有蒙元时期遗址40余处。这些遗址证明从蒙古帝国建立之初到元朝解体，及其明朝中期泰宁卫南迁的二百多年时间里，吉林西部一直是帖木格·斡赤斤系蒙古部族的主要居住地。

（3）元朝晚期封地在吉林西部的泰宁王

泰宁王买奴，是元朝晚期受封在今吉林省西部的非斡赤斤系的一个王。至治三年（1323）八月，为了破坏英宗新政，丞相铁木迭儿的义子铁失与晋王也孙铁木儿的心腹倒剌沙密谋，勾结其他几个蒙古诸王与勋贵，发动宫廷政变，杀英宗于寝宫，立晋王也孙铁木儿，是为泰宁帝。

泰宁帝本来是这场政变的幕后指挥者之一，成功后为了洗清自己，一方面对原政变参加者大加诛戮；另一方面又大加封赏在这场政变中唯一一个能够“自拔逆党，尽忠朝廷”的蒙古王族之后——买奴。当时买奴一是不参加政变，二是逃往晋王也孙铁木儿所在的怯绿连河驻地，表示效忠晋王。因此，也孙铁木儿登上皇帝宝座后，立即于同年十二月“以泰宁县五千户封买奴为泰宁王”，受封于元朝晚期的泰宁王买奴一系，不仅拥有今吉林省西部泰宁县的封地，而且还有中原地区的领地。

镇赉县后少力古城元代h柄杯

镇赉县后少力古城元代影青二龙戏珠瓷盘

从贞祐三年（1215）哈萨尔率蒙古军队占领吉林省西部白城、松原这一地区，到洪武元年（1368）元朝皇帝退出元大都150多年时间里，今天的吉林省西

白城草原风光

部一带一直是帖木格·斡赤斤王的封地。斡赤斤不仅延续了辽金时期的故城，而且在此基础上，使城市又有了新的发展。乃颜叛乱平定后，元朝开始在这里设置直接隶属于辽阳行省的政权机构，随着斡赤斤王势力的不断发展壮大，其行政机构和权力也不断扩大，由州升至府，又由府升至路，可以说，这在吉林省西部古代历史上是最高的政权机构设置。元朝统一中原后，使这里的交通、农牧业经济、教育、文化不断发展，使元朝时期泰宁路成为吉林省西部乃至东北地区的一个重要的中心城市。

三、明朝时期吉林西部蒙古族

1. 明朝时期活动在吉林西部的辽阳行省丞相纳哈出

至正二十八年（1368）明朝建立以后，朱元璋为了巩固自己的统治，对元朝势力采取征讨和招抚并用的策略。其结果，双方都没能如愿以偿，形成了南北对峙的局面。这一时期的蒙古在史书上称之为“北元”。

北元时期活动在东北及吉林西部一带的北元势力，主要是以纳哈出为主。在纳哈出经营过的新泰州，曾出土元代绿釉狮子灯、银质酒杯、玛瑙耳环、耳钉、蹀躞带、琉璃饰件、珊瑚饰件等。全国第三次文物普查中，在通榆、洮南、大安、镇赉、洮北等处均有元代和明代的遗址发现。这些都说明在元朝、北元时期，白城市一带聚集着大批的蒙古军队和居民。

纳哈出为元太祖成吉思汗麾下名将木华黎后裔。木华黎受封太师、国王，掌管左手万户，统辖兴安岭左右地区。此后他的子孙世袭王爵，成为辽东方面的地方实力派。纳哈出本人曾为太平路（今安徽当涂）万户，至正十五年（1355），为朱元璋军所获，因系名门之后，被释北归，返回辽阳。辽阳行省是元代蒙古族居民及蒙古军队驻扎较多的省份，因此也是明朝初期北元势力较强的地区。

纳哈出在白城一带活动期间，关内溃退自东北地区的故元官吏、将领及军队，不断聚集于纳哈出麾下，因而纳哈出的实力逐渐强大。

随着纳哈出实力的不断壮大，纳哈出以吉林省西部为根据地开始频繁驱兵南下，从洪武五年（1372）至洪武十二年（1379）在《明史》有过七次征战的记录。

纳哈出的存在，对明统一东北是一个严重的障碍。明朝军队在一时无力彻底消灭纳哈出的情况下，朱元璋前后采取一系列对策，集中力量清除小股故元势力，剪除纳哈出的羽翼，孤立纳哈出。不断巩固明军在辽东的势力，充实兵力，等待机会；同时还采取招谕的手段，争取纳哈出主动归附。

纳哈出归降明朝后，朱元璋在南京亲封纳哈出为海西侯，赐铁券丹书。洪武二十一年（1388），纳哈出从傅友德往征云南，途中卒于武昌舟中，葬于南京。其子察罕改袭沈阳侯，洪武二十六年（1393）因蓝玉案被杀。

2. 明朝时期吉林西部泰宁卫

泰宁卫是明朝初期建立在吉林西部白城及周边地区军政合一的政权机

泰宁卫遗址

构，是洮儿河、绰尔河、嫩江、乌裕尔河流域广大地区的兀良哈三卫之一。

兀良哈三卫是由元朝时期东道诸王中帖木格·斡赤斤后裔和其属部所建立的朵颜、福余、泰宁三卫，统称为兀良哈三卫或朵颜三卫。兀良哈三卫是明代中前期与蒙古高原上的鞑靼、瓦剌两部并称，是明代中前期最活跃的蒙古部落。

洪武二十年（1387）六月，纳哈出率部归降明朝后，其部下帖木格·斡赤斤的后裔辽王阿扎失里没有随纳哈出一起投降，而是率部继续与明军对抗，阿扎失里部众继续在今白城、兴安盟及齐齐哈尔地区一带驻牧。

辽王阿扎失里率部归附明朝后，明朝政府为了加强对今天的白城及周边的内蒙古兴安盟地区、黑龙江省的齐齐哈尔等这片广大地区的管辖，在故元建置的基础上，于洪武二十二年（1389）五月，置泰宁、朵颜、福余三卫，阿扎失里为泰宁卫指挥使。

建立于明朝早期的与当时蒙古草原上的瓦剌、鞑靼并称三大部的兀良哈三卫，历经160多年风风雨雨，最终为蒙古高原的强部所吞并，融入其他蒙古部落，而留在原地泰宁卫的居民，也融入了明朝中期迁入吉林西部的蒙古科尔沁部，成为科尔沁部的成员。

四、清朝时期的吉林西部蒙古族

从嘉靖二十六年（1547）开始，蒙古科尔沁部在哈萨尔十四世孙奎蒙克·塔斯哈喇的率领下，从呼伦贝尔地区陆续迁徙到嫩江流域，并不断南移东扩，相继占领了嫩江、绰尔河、洮儿河、霍林河、西拉木伦河流域及松花江流域的广大地区，并征服了这一区域的豁罗剌思部。从此，这一地区称之为科尔沁地区。吉林省西部的白城、松原、长春、四平地区正在这一区域范围之内。

明朝后期，科尔沁蒙古在漠南东部蒙古中是较强的部落，他们不仅控制着驻牧地这片广大区域，而且还统治着锡伯、卦尔察等部，控制着松花江、黑龙江一带，还通过海西女真与明朝进行间接的贸易。尽管科尔沁部在明朝后期漠南蒙古中是一个比较强势的部落，但科尔沁部的台吉们始终不忘自己是成吉思汗的宗亲，对于蒙古汗系宗王以诚相尊。

1. 后金时期的吉林蒙古族

万历十一年（1583），建州女真首领努尔哈赤用其祖父遗留的13副铠甲起兵，经过六年的战争，统一了建州女真各部。

万历二十一年（1593）九月，扈伦四部女真之一的叶赫部意识到日益强大的建州女真对他们的威胁，于是，联合了扈伦四部女真的其他三部和蒙古科尔沁部、锡伯部、卦勒察部、朱舍里部、讷殷部，组成九部联盟，共三万兵马，讨伐建州女真。此次战役，九部联军大败，史称“九国之战”。

九部联军的失败，使科尔沁部的首领们不得不冷静地考虑自己的实力和面临的危机形势。科尔沁部自知不是努尔哈赤的对手，遂于万历二十二年（1594）遣使进驼、马表示友好。而努尔哈赤要继续发展，也需要消除四邻的

九国之战图

敌对因素，或者化敌为友，取得他们的支持，科尔沁部正是其争取的对象之一。而当时的科尔沁部也正受到漠南蒙古最强大的察哈尔部的威胁，与后金结成军事同盟也是其自身生存发展的需要。

为了加强与科尔沁蒙古部的联盟关系，万历四十年（1612），努尔哈赤主动向明安贝勒求婚，明安贝勒亲送其女聘嫁努尔哈赤，这是满族努尔哈赤家族与蒙古贵族的首次通婚，从此揭开了满蒙联姻的序幕。

努尔哈赤在完成统一女真各部后，于万历四十四年（1616）在赫图阿拉（今辽宁省新宾满族自治县永陵镇）即汗位，国号“金”，史称“后金”。

赫图阿拉城

2. 清朝时期的吉林蒙古族

天启六年（1626）八月，后金国主努尔哈赤去世，其四子皇太极即位。崇德元年（1636）四月，漠南蒙古16部49名贵族同满汉臣僚一道大会盛京（今沈阳），承认皇太极为“满蒙汉共主”，共推其为“博格达彻辰汗”，改元崇德，建国号“大清”。

白城德顺蒙古族乡清代双塔

按照清政府对蒙古部族的统治政策，依据科尔沁各部台吉所统领部众的实力和对大清国的贡献，于崇德元年（1636）至顺治年间陆续将科尔沁左右翼编为十个札萨克旗，并进行了封赏。

科尔沁部于清朝建国初期被编为十个札萨克旗后，各旗的游牧之地也按照清政府的划分固定了下来，清政府为保护这些蒙古王公的利益不受侵害，以《大清法典》的形式制定了保护、管理这些札萨克旗的有关法律规定，使蒙古王公的利益受到保护。清朝晚期实行“移民实边，放垦蒙荒”的政策后，大量的关内移民进入蒙古科尔沁地区，他们在这里开垦荒地，开发农田，建立村镇，成为这片土地上新的居民。他们不仅改变了这里原有的土地所有制格局和生产生活方式，也为今天吉林省西部的行政区划设置及吉林省蒙古族居住区域的形成奠定了基础。

今天的吉林省，包括省会长春，以及四平、白城、松原一些城市都属于原蒙古科尔沁部的游牧之地。其中，长春市、农安县、双阳县、德惠县以及松原市的乾安县、长岭县、前郭尔罗斯蒙古族自治县属于历史上的郭尔罗斯前旗的游牧之地；四平市的铁东区、铁西区、双辽市、梨树县、公主岭市属于科尔沁左翼后旗和科尔沁左翼中旗的游牧之地；白城市的五个县（市、区）中的通榆县（原开通县部分）、洮南市、洮北区属于科尔沁右翼前旗札萨克图郡王旗的游牧之地；通榆县（原瞻榆县部分）属科尔沁右翼中旗图什业图亲王旗的游牧之地；镇赉县（原镇东县）和大安市（原安广县）属科尔沁右翼后旗，即镇国公旗的游牧之地；大安市（原大赉县）和镇赉县（原赉北县部分），属扎赉特旗游牧之地。

齐默特色木丕勒——郭尔罗斯末代王爷

齐默特色木丕勒

齐默特色木丕勒（1874—1942），生于郭尔罗斯前旗辅国公府（今前郭尔罗斯蒙古族自治县哈拉毛都乡王府屯），又称齐王。7岁接受蒙古贵族式教育，读蒙古文、满文和汉文。光绪十五年（1889）正月，皇帝举行成婚大礼，齐王进京参加庆典，被授予四等台吉并赏顶戴花翎。光绪二十年（1894）正月，慈禧太后六十寿典时，齐王进京，晋爵三等台吉。

光绪二十三年（1897）三月，齐

郭尔罗斯王府

王经理藩院奏请皇帝批准，继承祖父图普乌勒吉图职爵，正式袭任郭尔罗斯前旗札萨克辅国公。光绪二十八年（1902），任哲里木盟副盟长，并在京师设驻京局（旗办事处）。光绪三十一年（1905），任哲里木盟盟长兼兵备札萨克。光绪三十三年（1907），入朝觐见并获镇国公衔辅国公封号。

伪满洲国时期，任伪满洲国兴安局局长。1932年8月3日，伪满洲国兴安局改为兴安总署，改任兴安总署总长。1934年11月9日，伪满洲国国务院决定将兴安总署改为蒙政部，并于28日任命齐王为蒙政部大臣，12月1日正式到任就职。1942年春，齐王返回王府。1942年8月1日（农历六月二十三日）病逝，终年69岁。

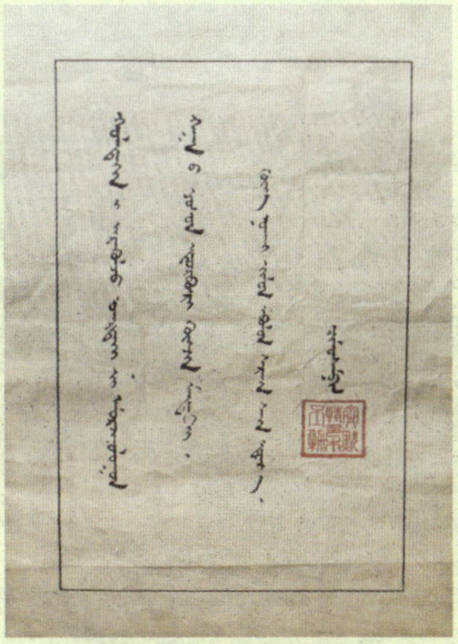

齐默特色木丕勒王爷手迹

齐默特色木丕勒王爷官印

五、蒙古族聚居地的历史沿革、变迁与形成

吉林蒙古族聚居地前郭尔罗斯具有悠久的历史。郭尔罗斯，是一个古老的蒙古部族，起源于额儿古涅·昆地方。她从森林走向草原，初迁根河流域，后迁至洮儿河、霍林河一带，其中一支于明昌六年（1195）迁至嫩江、松花江汇流处游牧。该部曾骚扰过金国边境，也曾与成吉思汗的蒙古部抗衡。臣

郭尔罗斯前旗旗祖——固穆王爷雕像

服金朝后，又加入蒙古部联盟。元代时自成部落。明朝中叶，嫩科尔沁蒙古的一支居其地，遂以郭尔罗斯之名为其部号。由于她较快地吸收了其他民族的先进文化，故成为蒙古诸部中较为先进的部族。

泰和六年（1206）春，蒙古草原所有部落在斡难河畔召开“忽里勒台”（大呼拉尔），树起九斿白旄纛，宣布建立大蒙古国，铁木真登基，尊号成吉思汗。从此，北方草原的各部落统称为“蒙古”。实行领户分封制度（万户、千户、百户），以千户为基础，千户既是军事单位也是行政单位，彻底取代了过去的氏族和部落的社会结构。薛赤兀儿被封为开国95千户之一。绰纳黑·察罕率领的豁罗剌思部按分封，北从洮儿河流域迤南的霍林河、达拉尔河、乌力吉木仁河、巴拉嘎尔河、锡林郭勒河一直到西拉木伦河及其支流老哈河流域，全部为弘吉剌惕部及其所属诸部所有，其中郭尔罗斯部也全部迁徙到这里。崇庆二年（1213），哈布图·哈萨尔在齐齐哈尔生擒纳仁汗，豁罗剌思部被收服。哈布图·哈萨尔率领的蒙古军，受降纳仁汗的豁罗剌思国部众，要求其随蒙古军出征，纳仁汗以年老体弱为由，请求留在故里安度晚年。哈萨尔念及两个部落从上十二代就有血缘亲情流淌，且蒙古军正处于战争的紧要关头，且故地又需人留守，于是将纳仁汗的原有部众就地安置，防守家园。随后，哈萨尔带所部溯松花江、嫩江、洮儿河回归蒙古军大营。但纳仁汗仍心有余悸，唯恐封江后再被哈萨尔袭扰，故在松花江南岸的台地上，设立许多瞭望哨。今长春岭附近的下岱家、郎郡、达户、嘎尔奇、坂德、土木村等地，均为当年古哨所繁衍而成的村落。

宝祐四年（1256），成吉思汗四子拖雷之子旭烈兀建立伊利汗国，于景定五年（1264）册封为汗，其疆域大致包括今伊朗、伊拉克、叙利亚等地。在西征大军中，有一支万夫长也克·也速儿率领的豁罗剌思军队，驻守在伊利汗国。

至元八年（1271），忽必烈汗改国号为大元，从此蒙古汗国之名被元朝所代替，同年迁都于大都（今北京），统一全国。纳仁汗的豁罗剌思部归辽阳行省开元路肇州万户府管辖，以今松原市宁江区为中心，东至拉林河，西至洮儿河、霍林河下游，南至饮马河、伊通河下游，北至嫩江下游、松花江上游西畔。洪武元年（1368）明朝建立后，豁罗剌思部归奴儿干都司撒叉河卫管辖。北元与明朝对峙时期，豁罗剌思部的人口、兵力大减，地域也大大缩

查干湖王爷府

大老爷府内景

小，无力与任何政权抗衡，所以只能保持中立。豁罗剌思被人们称为“高勒楚德”或“高勒钦”，意为沿江河的人们。

嘉靖二十六年（1547）六月，蒙古正统大汗库登汗因受其堂叔俺答汗的威胁后，为避免冲突影响蒙古政局，同时又抱着“收复三卫夷属”的目的，从宣府塞外率十万铁骑东迁。最后驻牧于兀良哈蒙古人的辽河、大凌河流域，这就是清代出现东土默特、奈曼、敖汉等旗的因由。同时，哈布图·哈萨尔第十四代孙、科尔沁部酋长奎蒙克·塔斯哈喇也抱着辅佐库登汗“收复三卫夷属”的目的，从呼伦贝尔草原出发，越过大兴安岭，东迁至嫩江及其支流绰尔河、洮儿河及松花江、西拉木伦河流域，占领了岭南的大片游牧地。随同东迁的科尔沁部，为与留居在呼伦贝尔草原的科尔沁部有所区别，自称“脑温科尔沁”，即“嫩科尔沁”。为求得嫩科尔沁的长治久安，奎蒙克·塔斯哈喇的长子博第达喇决定把嫩科尔沁分为四部，由自己的儿子领有：科尔沁部右翼由长子齐齐克统辖，左翼由次子纳木赛统辖，郭尔罗斯部由三子乌巴什统辖，杜尔伯特部由四子（实八子）爱纳嘎统辖，扎赉特部由五子（实九子）阿敏统辖。从此，纳仁汗的豁罗剌思部受科尔沁部哈布图·哈萨尔大王第十六世孙乌巴什的郭尔罗斯部所辖。乌巴什为嫩科尔沁郭尔罗斯部的始祖。

万历二十一年（1593），嫩科尔沁郭尔罗斯部参加征伐努尔哈赤的九部联军战争，战争以九部联军失利而告终。万历四十四年（1616），女真人建立政权后，郭尔罗斯部于崇祯八年（1635）正式归顺后金。

崇德元年（1636），后金改国号为清，郭尔罗斯部众成为清朝的披甲。顺治五年（1648），清政府继续采取“以满制蒙”方针，大而化之，将科尔沁编

塔虎城遗址

为六旗，杜尔伯特、扎赉特各编一旗，同时以松花江和嫩江为界，将郭尔罗斯部一分为二建旗，令乌巴什长孙布木巴系世掌后旗（今黑龙江省肇源县），次子固穆系世掌前旗（今吉林省前郭尔罗斯蒙古族自治县）。重新划分的十旗为哲里木盟所辖，今松原市宁江区、扶余县由科尔沁划出。自此，在12世纪前曾有合罕、有军队的豁罗剌思部及有地方政权的“古郭尔罗国”之称谓退出了历史舞台！

郭尔罗斯前旗，又称南公旗，包括乌浩特（今长春）、艾银嘎（今德惠）、宝巴（今农安）、巴图晋（今长岭）、达布苏（今乾安）等故地。

清忠亲王暨忠亲王贤妃碑

顺治十二年（1655），科尔沁达尔汗王将“追封忠亲王暨忠亲王贤妃碑”立在郭尔罗斯前旗库里村。库里，蒙古语“坟墓”之意。

“追封忠亲王暨忠亲王贤妃碑”原坐落于库里村前莲花泡一侧，

忠亲王暨忠亲王贤妃碑亭

忠亲王暨忠亲王贤妃石碑

四周高岗起伏，有清泉由东北山坡顺流而入莲花泡。碑原有碑亭，为歇山顶砖瓦结构，碑后是一庙宇。庙宇正殿关帝像下有一座砖室墓穴。新中国成立初期土改运动时，当地农民拆庙后在墓室中挖出一棺，棺内有一骨灰盒。骨灰盒用暗黄色缎布包裹，内装火化后的尸骨数块。同时还出土一些金、银饰品及器具。

忠亲王暨忠亲王贤妃碑由三部分组成，碑额与碑趺为浅褐色火成岩雕刻而成，碑身为深灰色沉积岩。碑额高145厘米、宽130厘米，碑额正、背两面各由两条相互盘绕的蟠龙雕刻而成。双龙俯首向下，前肢下撑，共抓一珠。珠的下方平面处，阴刻有五个满、蒙古文字，汉意为“敕立”。碑额下部为云水图案。

碑趺为一巨大石龟，首尾长310厘米、高145厘米、宽132厘米。龟四足撑地，引颈昂首向前，大有千年负重而无怨恨之姿。

碑身是碑的主体，高292厘米、宽125厘米。其两面四周刻有高浮雕云龙图案边框，每面有12条小龙，飞腾于流云之中。碑的正面刻有15竖行，383个文字。左边7行是满文，共182个字。右边8行是蒙古文，共201个字。满文和蒙古文的内容相同，第一行皆为“追封忠亲王暨忠亲王贤妃碑”，末行皆为“大清国顺治十二年五月初日立”。

六、蒙古族聚居地的生态环境

1. 地理位置

吉林省蒙古族主要居住在双辽市、前郭尔罗斯蒙古族自治县及通榆县、镇赉县、洮南市、大安市等地。在历史发展过程中，吉林省蒙古族同其他民族毗邻相居，逐渐形成了大片杂居、小片聚居和零星散居的分布格局。聚居的蒙古族主要在前郭尔罗斯蒙古族自治县，杂居的蒙古族主要在镇赉县、通榆县、大安市、洮南市以及双辽市。长春市、吉林市、白城市、扶余市、长岭县、乾安县等地为散居地区。

双辽市地处吉林省西部的东、西辽河汇流区，位于吉林省、内蒙古自治区、辽宁省交界处松辽平原与科尔沁草原接壤带，素有“鸡鸣闻三省”之说。南界辽宁省昌图县和吉林省梨树县，东临吉林省公主岭市，北靠吉

吉林黄榆

草原牧马

林省松原市长岭县，西连内蒙古自治区通辽市科尔沁左翼中旗和科尔沁左翼后旗。

前郭尔罗斯蒙古族自治县位于吉林省西北部，地处松嫩平原。东北、北邻第二松花江、嫩江，与扶余市、黑龙江省肇源县隔江相望，南与农安县交界，西南、西与长岭县、乾安县毗邻，北与大安市接壤。

白城市位于吉林省西北部，松嫩平原西部，科尔沁草原东部。东、东南与松原市前郭尔罗斯蒙古族自治县、乾安县接壤，南与松原市长岭县毗邻，西、西北与内蒙古自治区科尔沁右翼中旗、突泉县、科尔沁右翼前旗相连，北、东北与黑龙江省泰来县、杜尔伯特蒙古族自治县、肇源县隔江相望。

通榆县地处吉林省西北部，白城市南部。东与乾安县相接，南与长岭县相连，西北与内蒙古自治区兴安盟科尔沁右翼中旗为界，北与洮南市为邻，东北与大安市接壤，西南与内蒙古自治区通辽市科尔沁左翼中旗相交。

镇赉县位于吉林省西北部，白城市北部、科尔沁草原的东缘、松辽平原的北端。东隔嫩江与黑龙江省杜尔伯特蒙古族自治县、肇源县相望，北与黑

前郭尔罗斯蒙古族自治县街区

龙江省泰来县接壤，西北部与内蒙古自治区扎赉特旗为邻，西部、南部隔洮儿河与洮南市、大安市相对。

大安市位于吉林省西北部，白城市东北。东与黑龙江省肇源县隔嫩江相望，南与前郭尔罗斯蒙古族自治县、乾安县为邻，西与洮南市、通榆县接壤，北与镇赉县以洮儿河为界。

2. 生态环境、地域特点

吉林省蒙古族居住的地方主要以低山丘陵和冲积平原为主，河谷平原开阔。松辽平原地势东高西低，东半部多和缓起伏的台地，主要由黄土状土构成。西半部以开阔平坦的冲积平原为主，并有大片沙丘覆盖，构成坨子与甸子相间分布的沙地景观。平原西部直抵大兴安岭山麓台地。松辽沉降带的东部隆起带位于前郭尔罗斯蒙古族自治县——长岭县以东地区。中央拗陷带以乾安县——长岭县一带为主体，是松辽沉降带中沉降幅度最大的地带。西部斜坡带位于镇赉县——通榆县及其以西的地区，基底向东倾斜。

向海湿地

松花江及其主要支流在吉林省西部形成辽阔的冲积平原，其中的阶地平原分布于中部台地以西的大部分地区，主要包括前郭尔罗斯蒙古族自治县、镇赉县、通榆县、大安市、双辽市的大部分地方，是吉林省西部平原的主要组成部分，其中许多地方被沙丘覆盖，构成沙地景观。较为平坦的阶地平原主要集中于大安市等地。

白城地区湿地风光

松花江的主要支流嫩江位于镇赉县和大安市东侧及前郭尔罗斯蒙古族自治县的北侧，湖泊多，苇地多。洮儿河冲积洪积扇平原分布于洮南市东南部、白城市和镇赉县西南部，地表从西北向东南缓缓倾斜，海拔140米~180米。

沙丘覆盖的冲积平原主要由一级阶地组成，此外也包括一些平缓的高阶地、泛滥平原和冲积湖积平原。通榆县、长岭县一带，沙丘较为高大而又密集，复合型垄状沙丘与垄间洼地相间排列，沙带延续完整。镇赉县和洮南市一带的沙地以孤立的沙丘为主，沙丘多为垄形或椭圆形，个别沙丘呈新月形。双辽市的沙地属西辽河流域沙地的向东延伸部分，多为复合型纵向沙垄。

第二章

信仰与祭祀

一、宗教信仰

蒙古科尔沁地区曾有多种宗教流传，其中主要有蒙古博教（萨满教）、藏传佛教（喇嘛教）。据1982年全国第二次文物普查显示，仅白城和松原两市就有清代喇嘛教寺庙遗址60余处。这些寺庙遗址坐落在吉林省西部，与早期科尔沁右翼中旗、前旗、后旗、扎鲁特旗的几个札萨克王府建在这一区域之内有关。同时，寺庙也是游牧民族商贸、文化、信息的交易、交流、传播中心。一般说来，有寺庙的地方就有供养这些寺庙的信奉佛教的人群存在，同时也说明当时的吉林省西部区域是科尔沁右翼蒙古族经济文化生活比较集中和活跃的地方。

1. 萨满教

萨满教，又称博教，是蒙古族最早信仰的原始宗教。“萨满”一词，源于通古斯语，汉意为“狂舞”。萨满教，是古代北方民族信奉的一种原始宗教，早期的蒙古人把博当作“神灵”来崇拜。13世纪中期，元世祖忽必烈引进藏传佛教萨迦派，令其充当大元帝国的国教以后，博教逐渐失去其国教地位，转入民间。博教是蒙古族自己的宗教，是在游牧经济基础上形成的原始宗教。忽必烈虽然剥夺其国教地位，但是并没有施行高压政策，没有禁止在民间传播。

查玛舞

郭尔罗斯名望较高的博和奥德根（女萨满）有敖特根博、白音嘎日迪博、海青博、哈拉博、哈日其格博、麻代博、呼和少布博和青春奥德根。

在科尔沁、郭尔罗斯见到的博大多都是白博，其主要职能是镇鬼驱邪，行博治病，主持祭祀等。在当时科学不发达，缺医少药的情况下，如果谁家有病人，就认为是“阿达·其特吉日”（魔鬼）附体或神灵发怒，就要请博来驱鬼治病。另外，草原上瘟疫流行，畜群死亡或遭受旱涝等自然灾害时，也请博主持祭祀，祈求人畜平安。

萨满

郭尔罗斯博行博时，一般在掌灯时分。博身穿法衣，手持神鼓走进院内，让病人躺在炕头。靠屋的西面摆一张桌子，上面摊开一层小米，米上明烛高烧，香炉里烧着把儿香。桌中间放一心形圆镜，镜面朝上，镜背为李世民，四大金刚和十二属相的画像。镜子的两边摆的是圣物“翁衮”，圣物多为木制、布制或铜制偶像。这些摆设均由博的助手完成。之后，博手持神鼓由厨房进入病人屋内面西而跪，开始请神。请神结束后，博用优美的曲调和助手开始歌唱，唱完一曲，敲一阵鼓，然后甩动双臂，模仿各种图腾的姿势舞蹈起来。

博教的服饰主要分头饰和法裙。头饰因男女不同而有明显的区别，奥德根头上装饰比较简单，只是把头发梳成三股大辫，在辫梢上系红缨穗，似出嫁的蒙古族姑娘的发饰。男博头饰有三种：第一种是大红绸包头。第二种是用毡子制成的圆盅状帽盔，周边有檐儿，顶端有帽疙瘩和红穗。第三种是用铜或铁制成的头盔。法裙是蒙古博必备之物，由衬裙和罩裙组成。衬裙为布质，分左、右两片，每片略呈上窄下宽，用一根布带连接，系于腰际。颜色有黑、黄、绿、红，并镶有红色火焰图。飘带很长，呈上窄下宽状，有些飘带中间或末梢分别缀有一个小铃铛和穗。罩裙由一宽围裙下垂很多飘带组成。飘带有21根、23根、27根不等，颜色斑斓鲜艳，每当博们旋舞时，令人眼花缭乱。

博用的鼓一般是把铁圈用皮革蒙上，其状如薄扇，直径30厘米，下有铁手柄，柄尾端拧成三个环，环上挂9个直径相同的小环。作法时，且击且摇，发出“哗哗”的声响。还有抓鼓，无柄，上有装饰作响的小铁环。他们用的腰刀为铁制，长约10厘米，柄端饰以彩绸。宝剑，又叫七星剑，比腰刀短，作法时供在神像旁边。鞭有四种，鸢鞭、铃鞭、布条缠穗的鞭和玩具般的小鞭子等。制神鞭须取河边的柳条为杆，缠以疯狗之皮，或用蛇皮，或用五彩布条，并缀以小铜镜、铃和穗。

博教的最高神灵为腾格里，即天神。翁古德被蒙古博视为祖先、精灵、神怪的化身。翁古德，为蒙古语，汉意为“偶像”。翁古德为三四厘米的小人形，古代用毡子制作，后来用青铜制作，也有木制或布条制成的，通常为全身像，头顶端有孔，便于结纽，作为护身符挂于颈部。

吉林蒙古族地区博的宗教活动主要是祭祀、求福和驱魔、治病。祭祀、求福一般在室外大场地进行，包括祭天、祭祖、祭火、祭雷、祭尚喜树、祭敖包、祭龙王、求雨等。驱魔、治病是博最具特色的宗教活动，一般在夜间病人家中进行。

祭火仪式

2. 喇嘛教

藏传佛教格鲁派俗称喇嘛教。崇德四年（1639），皇太极第三女固伦端靖长公主下嫁达尔罕旗（今科尔沁左翼中旗）第一代多罗郡王奇塔特。公主随身带来的活佛喇嘛抵达尔罕旗后，竭力推行喇嘛教，并于顺治三年（1646）建成达尔罕旗第一所庙宇阿佑喜庙。此后，在吉林省西部的白城、松原境内修建了一系列的寺庙。其中著名的有以下几处：

莲花图庙建于清朝初期，位于白城市洮北区德顺蒙古族乡双塔村，为内蒙古自治区兴安盟科尔沁右翼前旗葛根庙的前身，是当时科尔沁十旗规模最大的寺庙，也是当时十旗共同供奉和从事主要佛事活动的地方。先后有葛根一世、二世在此驻跸圆寂，葛根三世先在此驻跸，后因寺庙周边的地势较低，葛根三世后期迁往科尔沁右翼前旗的哈达那拉苏木的陶克图山。20世纪80年代该寺庙恢复以后，现仍为内蒙古东部规模最大的喇嘛庙。如今莲花图庙遗址仍完好地屹立着两座白塔，为东北地区境内保存完好且规模最大的清

妙音寺喇嘛

妙音寺查玛舞

代喇嘛塔。

交哥庙建于清代早期，为科尔沁右翼中旗兴建，位于通榆县兴隆山镇林胜村庙腰屯中南部，四面沙岗环绕，中间为平坦草地，庙宇坐落在草地北段中部，坐北朝南，视野开阔，是目前白城境内已知规模最大的寺庙。

向海庙位于通榆县向海蒙古族乡所在地，据考证向海庙建于清代中期。庙大殿为3层平顶式砖木结构，其他建筑多为8尺见方小房间，共有81间。大门里有走廊，东西两院为喇嘛居室，东院有桑树、榆树。殿内供奉铜佛和泥像，中殿绘有唐僧取经、阴曹地府等故事壁画。

三十户大庙位于洮北区洮东乡永和屯东北角，建于光绪年间，是吉林省西部诸多寺庙中唯一一座九世班禅大师法驾降临的寺庙。

福兴寺，俗称四克基庙，蒙古语为“布彦尼那莫古勒克齐苏莫”，建于雍正八年（1730），是郭尔罗斯前旗协理四等台吉宝路德“为上主万岁长寿稳固”，而在“本旗四克基地方”“以自力建寺庙”。同时期，郭尔罗斯前旗札萨克一等台吉察衮上奏清廷，“上主谕令赏赐有满、蒙、藏、汉四种文字寺名”。

妙音寺建于乾隆二十年（1755），为郭尔罗斯前旗前世“沙卜隆”云丹扎木苏“为上主万岁长寿稳固”，以其自身财力筹集资金而建。经报请清廷理藩院，乾隆帝“敕令赏赐有满、蒙、藏、汉四种文字匾额”。同年，经报请清廷理藩院，将呼图克图之徒弟“沙卜隆”云丹扎木苏请来主持，从而成为郭尔罗斯前旗唯一活佛、最大的喇嘛。

二、民间祭祀

1. 祭天

自古以来，蒙古族信奉“长生天”，凡事都向“长生天”祈求平安。蒙古人认为，天有天神，天神格外受到尊崇，吉林蒙古族世代沿袭着祭天习俗。

吉林蒙古族祭天仪式一般在每年八九月份举行，农历九月初九是固定的祭天日。祭祀仪式的场面庄严，祭词神秘。在祭祀过程中，主持仪式的主萨满带领徒弟，高声诵读九十九重天尊号，吁请“腾格里”降临享受供品。另外，在每年的九月初九，前郭尔罗斯、通榆、镇赉、双辽等地的蒙古族，杀鸡宰羊，在家中举行祭天仪式。

萨满祭天仪式

吉林省蒙古族祭天前用土堆成10座小型敖包，中间的敖包稍大，周围的9座敖包略小。中心敖包上插有“长生天护佑”字样的旗帜，并把盛有五谷种子的斗放在敖包上，用五色布条装饰周围的9座敖包。

两位萨满点燃香烛，用奶食抹

画，并向四面八方的神灵祈请。其祭品是：第一张桌摆放“查干伊德”（奶食品），以尽敬天之意。第二张桌摆放肉食，以尽敬人之意。另在桌四角摆放四碗圣水。第三张桌摆放果品，以尽敬地之意。然后，点燃九盏佛灯，敬献九碗酒，点燃九炷香，点燃柏叶，祭天仪式开始，众人跪拜。

祭天祭词

高居西南的贝斯曼腾格里
安居前面的伯音阿巴亥腾格里
身居正西的敖其日巴尼腾格里
花衣服的弟子们祈求您降下平安

位居西北的洪巴特尔腾格里
傲居正北的道克沁依很腾格里
占据东北的依热娃树日腾格里
黄衣服的弟子们祈求您降下平安

镇居正东的浩布其依很腾格里
雄居东南的玛日希拉姆腾格里
盘踞正南的四大天王腾格里
黑衣服的弟子们祈求您降下平安

2. 迎天

吉林蒙古族在“查干萨日”（正月）有迎天的习俗，其时间为正月初一的日出之前黑白分界的时辰。

具体做法是：在院当中堆好干柴，并确定天降临的地点，一般请喇嘛或萨满相看。把供桌放到柴堆后面，供桌上点燃九盏佛灯、九碗酒、九烛香。盘子里盛放炒米，在炒米上面堆放奶食、水果、点心等九种祭品。用煮饺奉献给天降临的方位。家主带领家人跪拜，家主用奶食或烈酒洒祭迎天。

迎天词

扎
点燃香烛跪拜
迎接尊贵的上天降临
点燃柏叶跪迎
恳请高贵的上天降临

点燃带节的芦苇
迎接九重天的降临
点燃空心的芦苇
接迎长生天的降临

赐予我们绵绵的福运
把幸福安康赐予子孙

3. 祭火

祭火是吉林蒙古族一种古老的传统习俗。因为蒙古族特别崇敬火神，所以火神是家道或家族兴旺的象征，是神圣不可侵犯的神明。每逢年节、迁居或婚礼时，都要举行祭祀。又因炉灶是火神所在地，所以祭火又称为“祭灶”。

根据蒙古族的《祭火经》可知，蒙古族在母系社会时期开始信崇萨满教，其古老的信仰认为火同天、地、祖先一样，必须崇仰敬拜。原始时期的祭火习俗是蒙古人最早的祭祀形式之一。千百年来，蒙古人视火为生命的象征。蒙古语称“火”为“嘎力汗·额和”（圣火母），他们认为灶火是民族、部落和家庭的保护神。蒙古族萨满将火与火神作为驱逐各种妖魔与邪恶，医治疾病，施恩惠福于人类的神灵。由此，祭火也是原始宗教信仰的一种遗俗。

祭火仪式

吉林蒙古族以家庭为单位祭祀火神，最隆重的祭火仪式基本都在农历腊月二十三日，传说这一天是火神密仁扎木勒哈降生的日子。祭火仪式非常隆重，往往在一两天前就开始洒扫庭院、房屋，准备祭品。傍晚，夜幕刚刚垂下，家主点燃一把香，绕行住宅一周，来到装备好的火撑子前，举香在火撑子左右各系红祭三匝，把香插在火盆内，祭仪便算开始。主要的祭品有奶豆腐、红枣、葡萄、红糖及其他食品，其中红枣是不可缺少的祭品。部分家庭要熬稠粥，称为“祭火饭”。还有用牛胸骨或绵羊胸骨祭祀的，左右胸骨大多在27根以上，平民百姓一般也要用9根胸骨。

吉林蒙古族祭火神、祭灶神的日期也略有不同。普通农牧民的祭火都在农历腊月二十三，贵族和台吉则在腊月二十四。有个别地方还有秋季祭火，在婚礼上还要祭火。

祭火仪式开始前，主人要在室外向天空洒酒祭拜，请火神下凡。仪式开始时，女主人点燃炉灶里备好的柴草。柴草燃烧后，由高举祭品的年迈男主人祈祷，专人吟诵祭火祝词。也有的家庭请萨满或喇嘛念经。祈祷结束后，把木盘中的胸骨和其他祭品投入燃烧的灶火中，并由主人带领全家人向火神

祭灶神仪式

行九次叩拜礼。

祭火礼毕之后，人们回到各自的座位。户主把摆放在炉灶周围盘中的食品分发给每个人后口念“敬请火神上升天界”！这时全家人将装有祭品的小盘子双手举至齐眉，呼招福词“呼瑞！呼瑞！”户主则举起大祭盘，带领大家高呼“呼瑞！呼瑞！”致祭词的祝颂人此刻要大声念祭词。

4. 祭敖包

“敖包”一词是蒙古语音译，汉意为“堆子”。祭敖包可追溯到古代，与游牧民族原始宗教的诞生息息相关。祭敖包是萨满教的一项图腾祭祀活动，后因喇嘛教在草原盛行，由于这种祭祀活动被纳入喇嘛教，增加了其宗教色彩。在漫长的历史进程中，敖包演化成为游牧民祭天、祭山、祭四方的神坛。蒙古族历史上有据可查的最早的敖包祭，是在成吉思汗青年时代。

敖包一般在山顶或路旁，由石块堆筑成圆锥形，上面堆放些柳枝，中间竖立一个带有日、月、火图案的立柱。敖包的大小不等，数量不一，一般多为单个敖包，也有7个或13个并列构成敖包群的，中间的主体敖包比两侧或周围的要大些，主敖包一般呈锥形、圆包状或圆顶方形，有三层基座，其上插若干幡杆或树枝，挂有哈达或各色绸布条。蒙古族的祭敖包仪式大致有四种：血祭、酒祭、火祭、玉祭。前郭尔罗斯蒙古族主要传承了血祭和酒祭。

吉林省蒙古族的祭敖包形式和内容随着时代的发展不断演变。历史上影响较大的有郭尔罗斯王爷祭黑马敖包、萨满祭好特格尔敖包等活动。新中国成立后，祭敖包更好地与那达慕大会结合，逐步形成了今天深受群众喜爱的祭敖包活动。吉林省蒙古族祭敖包一般在农历六七月份，祭祀活动非常隆重、热烈。目前，前郭尔罗斯境内共有敖包25处。

敖包

祭敖包中的查玛舞

吉林省蒙古族祭敖包时，先用树枝、禄马风旗、彩条拉线和各色绸缎装饰敖包。敖包前插一杆黄色旗帜，旗帜上用蓝色书写“敖包圣灵赐福”等字样。由两位蒙古博诵经，用香烛敬敖包神灵，用素食做供奉向四面八方洒祭。祭祀用品是：第一张供桌摆放盛装五谷的斗和奶食，表达敬天之意。第二张供桌摆放肉食，表达敬人之意。第三张供桌摆放各种水果及面食，表达敬地之意。点燃九盏佛灯，敬献九碗酒，点燃九把香烛，点燃柏叶。两位蒙古博手持柏叶绕敖包净化敖包，全体参加祭祀人员绕着敖包走三圈，跪拜敖包神灵，并念诵祈祷风调雨顺、五谷丰登的敖包祝词：

扎
愿皇天后土
赐福一切生灵吉祥
愿敖包神灵
保佑蒙古民众安康

从祖先开始一直祭祀
保佑郭尔罗斯蒙古人的敖包
神灵保佑的敖包
就坐落在辽阔草原的怀抱

堆积敖包的石子
是从罕乌拉运来
敖包凝聚的神力
有圣祖苏鲁锭的威仪

敖包上的吉祥旗子
用五色绸缎连缀
供奉它有奶食、五畜的大礼
哈达飘飘招引霭霭瑞气

5. 祭尚喜树

蒙古族自古信奉天地、山川、树木，崇拜自然，故有祭“尚喜”习俗。

“尚喜”，系蒙古语“神树”的意思，一般要选定数百年树龄的榆树，公认为其有神灵附着，具有灵气。

《蒙古秘史》最早记载了蒙古族祭树的习俗。书中有关于铁木真与札木合二人曾以互赠拐骨、互换腰带的形式结成“安达”的记载。他们在结为“安达”时，绕蓬松茂树而舞。元朝初期的“踏舞共扶携”等等，都是以树为中心，呈现圆形队伍，具有象征意义，暗示人们祈盼团圆、团结“安达”而同心同德的心情。

祭尚喜神树习俗可以追溯到萨满文化的起源，传说萨满大师与天对话的时候，首先要祭拜一棵大树。因为天神降临凡间的时候不是直接落地面，而以榆树为落点下凡。关于祭榆树习俗，在前郭尔罗斯有许多与萨满祖师有关的传说，例如《敖特根博的故事》。

吉林省蒙古族一直传承着祭“尚喜”的习俗。主要有民间群众祭祀和蒙古博祭祀两种类型，极少数的情况下也有喇嘛参与相关活动。吉林省蒙古博大多到前郭县查干花镇的达金道宝举行祭祀活动，主要仪式有：摆放祭品、

祭尚喜树——摆放祭品

抛洒奶酒，绕树三周后颂赞词，祈求所佑之事能够实现。

祭尚喜树——抛洒奶酒

吉林省的蒙古族村屯，把祭尚喜树作为祭地方神灵、保佑风调雨顺、五谷丰登的民俗活动，通过祭祀表达保佑子民平平安安、永兴不衰之意。一些地方也在干旱、雪灾或患病等情况下，通过这项祭祀活动，祈求降福消灾、人畜兴旺。

祭尚喜树——颂赞词

吉林蒙古族在祭尚喜树前，首先要用五色布条装饰神树，然后请一位年长者扮“尚喜”老人，坐在“尚喜”神树下。在“尚喜”老人脸上涂抹奶油，并在他面前摆上供桌，桌上摆放肉食，让其喝酒。供桌上摆放九盏佛灯、九碗酒、点燃九炷香，还有全羊、点心、水果、糖块。众人坐在一起说“好来宝”助兴。

6. 祭祖

（1）祭圣母阿阑·豁阿

郭尔罗斯是蒙古“三贤圣母”之首阿阑·豁阿的故乡，每年农历五月二十三日成吉思汗召“淖尔祭”仪式上，郭尔罗斯蒙古族在祭师引导下，来到成吉思汗召大殿的西侧殿，向供奉在那里的“三贤圣母”阿阑·豁阿塑像祭拜，敬献五色哈达和三炷香火。

祭师在马头琴音乐和《阿阑·豁阿》的歌声中吟诵《圣母阿阑·豁阿祭辞》：

美丽柔媚的阿阑圣母，
容貌像初升的太阳一般。
高贵圣洁的阿阑圣母，
品德像纯正的黄金一般。
温柔善良的阿阑圣母，
倾注真爱开启兴旺的积淀。
吉祥神圣的阿阑圣母，
感受天光黄金家族诞生高原。
宽厚仁爱的阿阑圣母，
“五箭训子”激励世代齐心协力勇往直前。
聪慧贤达的阿阑圣母，
圣洁的乳汁养育子孙威猛善战智勇双全。
豁罗剌斯因你的神圣而传承千年，
查干湖畔矗立起你娇娆的塑像永世怀念。
故乡郭尔罗斯族人向你祭拜，
虔诚祈祷赞颂你永恒的恩典。
愿你伟大的神灵保佑我们，
神奇部族和谐昌盛永续繁衍！

（2）祭圣祖成吉思汗

2006年，前郭尔罗斯蒙古族自治县确定每年在成吉思汗召举行四次大型祭祀活动。成吉思汗召“四时大祭”，以每年农历五月二十三日“淖尔祭”最为隆重、规模最大。祭祀时由主持人主持祭祀，祭师熏香燃柏，参加祭祀的人们双手持举哈达，肃立在供桌前的地毯和殿外的平台、台阶、广场上。祭

圣祖成吉思汗像

祭圣祖成吉思汗

师在《圣祖成吉思汗》的背景音乐中，高声吟诵《圣祖成吉思汗祭辞》：

主宰世间万物的长生天啊！
赐予郭尔罗斯阿阑·豁阿女神，
养育了一代天骄成吉思汗。
伟大的圣祖成吉思汗，
你的神灵在世间永存！
你的铁骑留下的回声还震撼着世界。
古老神奇的豁罗剌斯部落，
从遥远的山林走进草原，
从高高的不儿罕山迁徙到松花嫩江交汇的平原。
圣祖仲弟哈萨尔大王骁勇子孙，
查干湖畔敖包山上筑起神圣的宫殿，
永远祭祀缅怀着圣祖成吉思汗伟大的神灵。
矗立在郭尔罗斯草原上的苏鲁锭在为你守护；
辽阔草原上无数敖包在为你祭祀圣山；
乌巴什广场永恒的圣火在为你燃烧；
松花江嫩江在为你书写传奇；
妙因寺众僧吟诵着佛经在为你祈祷；
马头琴之乡悠扬的琴声在为你奏响乐章。

摆上羊肉牛奶乳酪茶砖九种贡品，
高擎五色哈达敬献赞颂词语为你祭奠，
肃立默祷在祭坛前用虔诚的心来祭拜。
愿你伟大的神灵巡游宇宙驰骋大地，
保佑着草原兴旺发达、繁荣吉祥，
保佑着郭尔罗斯人平安永恒！
愿圣祖赐予我们无穷的智谋、力量和勇敢，
让我们相拥在你苍穹般宽阔的怀中，
永续传承豁罗剌斯古老部族的神圣。

（3）祭祖

吉林蒙古族每年除夕都有祭祖的习俗。服兵役的家庭腊月二十九下午祭祖，台吉、诺彦（官员）及普通人家腊月三十下午祭祖。煮牛羊肉或猪肥肉，备砖茶或红茶、糖果、红糖、黄油，炒米拌牛、羊或猪油，五色布条及烧纸。在空旷的荒野（禁忌在路边）堆上柴薪点燃。供桌上摆放祭品，点燃

家庭祭祖

佛灯、香烛、烈酒。家庭成员全部参加祭祖仪式。

7. 祭苏鲁锭

“苏鲁锭”，蒙古语意思是“长矛”，是蒙古的象征，是战神的标志。一般是黑白两色，分别叫作“哈喇苏鲁锭”和“查干苏鲁锭”，黑色象征战争与力量，白色象征和平与权威。

在成吉思汗召祭奠仪式上，人们祭祀完圣祖成吉思汗、阿阑·豁阿、哈布图·哈萨尔以后，在祭师引导下，来到广场西侧的苏鲁锭祭坛，在悠扬的马头琴和《苏鲁锭颂》的歌声中，众人祭拜、献哈达、上香、三鞠躬。苏鲁锭祭词为：

至高无上的长生天啊！
赐予圣祖神奇苏鲁锭。
赋有神灵的长矛大纛，

成吉思汗召苏鲁锭

握在成吉思汗的手中。
你是勇往直前的旌旗，
你是蒙古铁骑的战神。
你是战无不胜的兵器，
你是所向披靡的号令。
保佑着族人永续繁衍，
保佑着草原和畅兴盛。
保佑着族人吉祥平安，
保佑着草原繁茂昌盛。
郭尔罗斯竖起苏鲁锭，
永远祭拜着你的神圣。
祭桌上摆满九种贡品，
虔诚的心愿高歌赞颂。
愿你不朽的神灵永驻！
愿你神威的护佑永恒。

8. 祭湖

吉林蒙古族每年冬捕时节，都要举行隆重的“祭湖·醒网”仪式。这一千百年沿袭下来的带有浓郁宗教色彩的仪式流传至今，所表达的是蒙古族对美好生活的虔诚祝愿，对大自然恩惠的无限感激，体现着人与自然的和谐。如今，包括查干湖冬捕祭祀在内的查干淖尔冬捕习俗已经列为国家级非物质文化遗产项目。

查干湖祭祀是两种祭祀活动同时进行，一种是蒙古族传承千年的祭祀湖泊仪式，简称“祭湖”；一种是从辽代开始传承至今的，由契丹人、女真人、蒙古人举行的“醒网”祭祀。

“祭湖·醒网”祭祀活动都是萨满教万物有灵论的产物，蒙古人崇尚自然，认为人类能够生存，主要是大自然的恩赐和祖先的护佑，所以要祭拜天地山川、江河湖泊。“醒网”祭祀是查干湖特有的一种祭祀，认为冬季捕鱼用的渔网已经在仓库存放多时，渔网上附着的神灵已经沉睡，需要通过祭祀唤醒，所以有了“醒网”祭祀。“醒网”祭祀始于查干湖畔的契丹人，传至金代，女真人依然延续着“醒网”祭祀。

明昌六年（1195），郭尔罗斯部落从蒙古高原迁徙至松花江、嫩江交汇处后，以纳仁汗为首的郭尔罗斯部众很快接受了渔猎生产，同时也接受了“醒网”祭祀，并将祭祀湖泊和祭祀渔网两种仪式一并进行，形成了现在的“祭湖·醒网”仪式。

藏传佛教传入郭尔罗斯后，喇嘛教的信仰与当地的渔猎生产相抵触，但在郭尔罗斯，多种生产方式并存，既有草原游牧业，还有渔猎生产和农业生产方式。长期的实践证明，只有多种生产方式才能维持人们的生存，而且这些生产方式比藏传佛教的传入要早几百年。喇嘛教传入后，没有能力取缔渔猎生产，只好顺其自然，以折中的方式参与到查干湖祭祀中，通过诵经和跳查玛舞寻求佛祖的认同。

“祭湖·醒网”通常每年农历腊月初就开始布置祭祀现场，首先在冰面上设立苏鲁锭祭坛，祭坛设置方向按祭祀时间确定，一般在上午举行，面向太阳，搭建3级每级30厘米共90厘米的冰台，周围三面立9根苏鲁锭。冰台前摆设一长案，用来摆放贡品和喇嘛诵经用的各种法器。贡品为九种，通常是

查干湖旅游节

祭湖仪式

牛肉干、羊肉、奶制品、鲜牛奶、水果、白酒或奶酒、点心、糖、五谷等。贡品案前设立一长形香炉或三尊圆形香炉焚香。香炉前29米处设立用火撑子支撑的圣火盆，在两处圣火盆前3米凿开一冰窟槽（浅层槽，见水），其上立起一个三脚木杆，用来摆放祭祀湖神时敬献哈达之用，冰槽用来祭祀湖神时向湖里敬献牛奶、奶酒和糖果等贡品。在冰槽左侧摆放一组渔网，用于祭祀渔网神灵和敬献贡品。在苏鲁锭祭坛两侧偏前设立两根“玛尼杆”，偏侧后各立一冰雪敖包，敖包周围3级台阶系上蓝、白色哈达，敖包上面插榆树枝，拉几条挂有经幡的拉线。在祭坛外周围背景三面，立一排绘有日月火图案的九面旌旗。蒙古原始毡房和马拉网车在祭祀现场靠近冰湖一侧停放，旧时渔夫冬捕歇息时的一排苇房，设置在祭祀现场后面。

主祭人员站立的位置在祭祀现场最前排（供品桌后），从左至右排列的顺序为蒙古族渔夫把头、蒙古族萨满、喇嘛主持。随后，在第一层阶梯的中间是蒙古族人的首领——祭祀主持人，内两侧是妙因寺喇嘛，外两侧是蒙古族

祭祀渔网的渔夫把头

民众代表。第二层阶梯中间是蒙古族民众代表，两侧为蒙古族渔夫。第三层阶梯上是蒙古族渔夫。参加祭祀仪式人员着装具有浓郁的民族特色和地域风情：蒙古族人首领身着华丽的蒙古袍、皮靴、狐皮帽子；蒙古族祭祀湖神的萨满着蒙古袍，外挂一件萨满服，狐皮帽子，皮长靴；蒙古族祭祀渔网的渔夫把头着羊皮袄、羊皮帽子、毡靴；蒙古族渔夫着羊皮袄、靰鞡、貉皮帽子；蒙古族民众代表着蒙古袍、皮靴、貉皮帽子。

祭祀仪式开始，先由蒙古族人首领——祭祀主持人宣布冬季“祭湖·醒网”祭祀仪式开始。随着主祭人“祭湖·醒网”仪式开始的喊声，震天的锣鼓、轰鸣的法号骤然响起，手持法铃和圣水瓶的喇嘛吹奏着海螺、大法号、牛角号，由一组喇嘛（至少9人）在主持喇嘛的引领下齐声诵平安经，诵经同时有佛乐伴奏、跳查玛舞。诵经结束后，蒙古族萨满高声唱诵《祭湖辞》：

啊，长生天，先祖之灵，
庇护众生，求昌盛，求繁荣。
查干湖，天父的神镜，
查干湖，地母的眼睛；
天生万物，地长生灵。
都握在查干湖天父的手中，
都聚在查干湖地母的怀中。
万能的长生天，仁慈而厚爱，
神奇的查干湖，有求而必应。
献上九九礼品，奉上万众心诚，
湖神大敞胸怀，感动八方精灵。
敬上九炷檀香，插上九枝青松，
献上九条哈达，摆上九种礼供。
啊，歌天唱地查玛舞，
鼓乐齐鸣诵经声。
举心为灯照日月，
满湖金银庆丰登。

祭祀湖神诵辞的同时播放音乐，祭坛前跳萨满舞。接下来蒙古族渔夫把头诵《醒网辞》：

啊，长生天，先祖之光；
日精月华，庆丰盈，祝辉煌。
查干湖，绿色的福地，
查干湖，黄金的渔仓；
心动四海，情系八方，
云中的妙因寺，经声诵醒网，
神圣的查干湖，泼酒飘乳香。
大漠唯有罕山，松漠唯有圣水；
张开千张大网，银湖奏起乐章。
苍穹为之动容，湖神为之激昂；
北方渔之部落，世上几多风光。
啊，圆圆圣水母亲湖，
鱼山鱼海渔歌长。
捕鱼节上醒网辞，
祭山祭水祭太阳。

诵辞结束后，两位蒙古族祭祀诵辞者分别向前方冰槽和渔网处敬献哈达、抛撒贡品，而后两位祭祀诵辞者分别引领蒙古族代表、渔夫代表（8人），同时祭祀两处敖包，围绕敖包按顺时针方向绕三圈，敬献哈达、抛洒牛奶和奶酒。祭敖包结束后，两位祭祀诵辞者分别向祭坛前的蒙古渔夫敬酒、献食物，让渔夫“饱肚”，接下来渔夫队伍赶着马车和爬犁，装满网具，扬鞭催马，向冰湖深处疾进，直奔捕鱼现场。

查干湖风光

第三章 经济发展

一、游牧渔猎经济

1. 游牧

逐水草而居的游牧生活是蒙古族在茫茫草原上生存的主要方式。游牧是由自然、家畜、人三要素组成的生活方式，在生态系统的生物链中绿色植物是第一营养级，食草动物是第二营养级，食肉动物是第三营养级。蒙古人的游牧生活恰恰保持了人与自然之间的和谐与生物链之间的平衡。草原养活了家畜，家畜维系了人的生存之需，所以草原是人的生存之依，生活之源。牧人从生计方式和保护草原的立体思维出发，选择了游牧的生活

吉林蒙古族儿童

方式。

生活在松嫩交汇处的以纳仁汗为首的郭尔罗斯部，是古代北方蒙古人生存状态的一个缩影。历经金、元、明、清四个朝代更替，生活在郭尔罗斯这片沃土上，见证了从游牧、半牧半农直至弃牧从农的沧桑巨变。

明昌六年（1195），金国打败弘吉剌惕部，以纳仁汗为首的郭尔罗斯部迁至松嫩两江交汇处。这里是一个水草丰茂的河滩平原，正适合放牧。纳仁汗及其所属部众，成为金国的属民，以伯都讷为中心，形成有“合罕”、有军队的“郭尔罗斯国”。

骑手

元代，郭尔罗斯人过着逐水草而居、与天地共生的游牧生活，以家庭为单位的个体游牧方式极为盛行。因此，家庭在社会中占据主导地位。在长期的游牧过程中，郭尔罗斯牧民积累了丰富的生活、生产经验。顺应自然进行牧业生产，提高了生产的质量。他们总结出“马不吃夜草不肥，羊不吃走草不壮”；“会放一条线，不会放一片（羊）”；“牛喂三九，马喂三伏”；“冬圈要暖，夏圈要干”等牧业生产经验。在一年中腊月、正月接羔；二月生产；四五月剪毛、啖盐；剪毛后走“敖特”（一种游牧方式），进入夏营地，陆续开始配种；六月，榨乳，修车；八月，打羊草；九月，回到避风的冬营地；十一月，狩猎。因此，蒙古人从古到今，是草原的守护者、经营者。

蒙古人依据时令、季节、气候的运行规律，安排生产，调养生息。畜牧业生产获得了发展，游牧范围得到扩大。对于草原而言，季节性生产非常重要，为了便于牲畜过冬，就必须进入冬营地；而为了抓膘，就必须按时进入夏营地。所以，称六月为“草月”，七月为“雨月”，八月为“牛奶月”，九月为“奶酪月”。青草萌芽时是牲畜繁殖的季节，牧民们开始举行“春祭”，祈福一年人畜兴旺。草木将枯时，庆祝风调雨顺，喜获丰收，举行“秋祭”，感谢“神灵庇佑”，祈求消灾去祸，来岁平安。

清末，随着边疆开发和“移民实边”，中原地区的破产居民成批移居塞北，垦荒经商。于是在关东地区一些中心城市（开原、郑家屯、洮南、扶余）马市应运而生。这种马市，是民间通过货币选购马匹的交易场所，它有一套独特的民间交易方式。

吉林蒙古族地区马市的盛期在清末、“中华民国”时期。当时马市除当地农牧民买卖外，还有远来的“老客”（远道而来购买马匹者）。松花江岸边的扶余市马市，多接待辽宁一带贩卖马匹的“老客”。

新中国成立后，马市已变成有组织的交易市场，定期举行“骡马大会”，这既是畜牧业成果检验会、评比表彰会，也是大型的交易会。

查干湖风光

2. 渔猎

游牧生活既是蒙古民族的生存方式，又是生活方式。在日常生活中，蒙古人在与马、牛、羊、野兽、猛禽打交道过程中，彼此结成了相互防御、相生共融的关系。渔猎成为蒙古人游牧生活中不可或缺的部分。

辽代沿袭古代匈奴等游牧民族传统，君臣的日常生活、国家政治中心都不在首都“上京临潢府”（今内蒙古自治区巴林左旗林东镇），而是在“捺钵”（行宫）。随着季节气候和水草变化，辽代帝王四时迁徙，故“捺钵”分为“四时捺钵”，即“春水”“夏凉”“秋山”“坐冬”。

古代风俗头鱼宴盛行于辽代，金代改名为“刺钵”，金国灭亡后日渐衰落。至清代，“捺钵”改为从事游猎活动，在东北圈建多处皇家围场，“避暑热河，秋猎木兰”。

千百年来，吉林蒙古人对水产生了特殊的感情，视水为善之源头和神明之物，对湖神的敬畏之心和崇拜之情由此产生，独具民族特色和宗教色彩的“祭湖·醒网”仪式至此形成。每年查干湖冬捕都要举行“祭湖·醒网”仪式，意在祭祀湖神、唤醒冬网，奉拜天父地母，保佑国泰民安、万物生灵永续繁衍，祈祷百姓生活幸福安康。

查干湖是辽帝春“捺钵”之地。辽代“捺钵”与国事紧密相连，一切国家事务基本都在“捺钵”中进行。据有关史料记载，辽代皇帝到吉林“春捺钵”共29次。正月上旬从首都“上京”出发，一路东行至查干湖附近，设“春捺钵”，历时60余天。“春捺钵”活动以捕鱼猎雁为主，并借渔猎之机，大宴群臣和使节，约见各族首领，接纳贡品，商议国事。同时辽帝每年借机携群臣嫔妃来此凿冰捕鱼，大摆“头鱼宴”，设宴款待，君臣共贺。

由此形成的查干湖冬捕，不仅成为吉林蒙古族的生活习俗和传统节庆，也成为渔猎经济的一道风景。查干湖冬捕，以其原始的捕捞方式和壮观场面展示出传统渔业的迷人景象和北国冬季的奇特风景，成为塞北别有洞天的特

查干湖冬捕现场

色景区景观。每年冬捕节吸引着国内外无数游客到此一游，领略查干湖独特的自然景观和人文景观。以查干湖为龙头的旅游业取得长足发展，全年接待游客340万人次，实现旅游综合收入30亿元。

作为马背民族，狩猎是蒙古人古老的生产活动。狩猎有三个目的：一是捕获害畜野兽，保护畜群，发展牧业生产。二是猎取食物，改善生活。三是增强武器装备。通过狩猎活动，培养人们的智慧和胆量，增强集体作战和随机应变能力，还可以调教坐骑和鹰犬。狩猎是蒙古人军政合一、兵民一体、寓兵于民、练兵习武的特色活动，以及提高蒙古军作战能力的练兵场。

在长期的草原生活环境下，狩猎成为蒙古人生产生活中不可或缺的部分。在狩猎活动中，男人获得了无穷的乐趣，同时也为草原增添了热闹非凡的气氛。在荒年旱月，打猎成为他们填饱肚子、解决粮食补给的一个好办法。

冬捕

清代吉林蒙古族地区是一个天然的大猎场，在它的沿江地带、树林间、草原上、田野中，到处都有山狼、野兔、狐狸、狍子、黄羊、貉子和獾子等野兽出没。在湖泊、江河、泡泽、沟泽、丘陵间还栖息着数量众多的天鹅、大雁、丹顶鹤、野鸭、鸬鹳、灰鸥、山鹰等珍禽和其他水陆杂鸟。

在这个天然的大牧场上，每年的旧历五月五日的猎日都要举行大规模的狩猎活动。活动通常由札萨克或由其指派的官员负责组织，集合旗内的兵丁、牧民穿上靴子，备好骏马，荷枪实弹，牵着猎犬，带着猎鹰，一齐上阵。人数众多，场面壮观。

狩猎方式可以是个人形式的，也可以是家族式的或部落式的。部落狩猎一般由佐领或台吉出面，集合一个“艾力”（村）或几个“艾力”的牧民进行。每年少则二三次，多则五六次。预先约定好集合地点，几个“嘎查”

（屯），几个“苏木”（乡）的人们到齐后，从很远的地方骑着猎马，领着跑步的兵丁、随从牧人，还有撒欢的猎狗和猎鹰向预定的中心前进，形成一个很大的包围圈，然后连日不停（或几个小时不停）地驱赶野兽（又称“赶仗”），逐渐缩小包围圈。佐领或台吉一声令下，猎手们从四面八方骑马举枪合拢上来，尽兴地进行围歼，直至落日时才满载猎物各自归去。

狩猎结束后，按照猎队的分工，分享劳动成果。把所有的猎物集中到一起，按照种类分成堆。各猎队的负责人对这次活动中表现突出的好马、好犬、好鹰、好猎手，向阿宾达报告，阿宾达逐个进行登记，待全体猎人集中小憩之后，主持分发猎获品。对快骏、猛犬、精鹰、优秀猎手逐一奖励并授予尊号。对违纪者，视情节予以不同类型的处罚。

二、半农半牧经济

清代是吉林蒙古族游牧经济向农耕经济、半农半牧、手工业等多种经济并存形式转化的一个分水岭。汉族移民改变了吉林蒙古族游牧文化的结构，不少游牧民从传统的游牧业改为从事农业，从牧人变为农民。

汉人移民逐步改变蒙古族游牧经济。清代初期，清政府为了便于对蒙古的统治，对蒙古地区实行了封禁政策，在东北满蒙接壤的地方，筑起了边墙，设置边关哨卡，官员把守，禁止内地汉人入境开垦。清代中期以后，大量汉族人口流入，打破了草原的宁静，对蒙古人传统的游牧生活产生了巨大的冲击。乾隆五十六年（1791）郭尔罗斯前旗辅国公、皇家额驸恭格喇布坦，私自招山东流民入境私垦。从此，郭尔罗斯出现了蒙汉等不同民族杂居的状况，为牧业经济向农耕经济及其他经济形式过渡形成并存局面奠定了客观基础。

牧业经济向农业经济的转型，经历了从封禁、解禁、允许私垦到“借地养民”“移民实边”、鼓励开放的过程。

鸿鹄楼

三、农业经济

1. 农业经济的形成

清初，吉林蒙古族大部分地区属于郭尔罗斯前旗。嫩江与松花江西岸，包括伊通河、饮马河（今前郭尔罗斯蒙古族自治县全境）、农安（宝巴）、长岭、乾安，以及长春、德惠、九台的一部分，均为郭尔罗斯前旗的牧地。嘉庆年间是前郭尔罗斯地区放垦的第一阶段，开放东部靠柳条边的“四大乡”荒。嘉庆五年（1800），清朝在“四大乡”设置长春厅，专管入蒙古境内汉人事务的机构，目的是实现蒙汉分治。

清初农安属于郭尔罗斯前旗札萨克领地。道光四年（1824），郭尔罗斯前旗已开放农安一带地方。道光年以后，流民沿伊通河流域到农安一带租种蒙荒。道光七年（1827），郭尔罗斯前旗陆续开放沐石河夹荒、龙湾夹荒等荒地，后设龙湾乡。光绪十四年（1888），又招垦伏龙泉一带地方。光绪十五年（1889），长春厅升为府，同时设农安县治。

光绪三年（1877），将原辖哲里木盟科左后旗汉族农民的昌图厅升为府。又在科左中旗内增怀德、奉化（梨树）、双辽、通辽，在科左前旗增设康平县等，直接隶属于昌图府，统辖科尔沁左翼三旗汉民垦区。

郁郁葱葱的稻田

清朝后期，清政府对蒙地已经放弃封禁制度，以“借地养民”为由，积极鼓励蒙地开放。

光绪二十八年(1902)，清政府为了缓解日益加深的经济危机，做出“移民实边”的决策。在广袤千里的草原上，通过增加移民，充实边境地区人口，改变人烟稀少和有边无防的状况，同时通过蒙地开垦，解决经济困境。

光绪三十年（1904）七月，盛京将军增祺与钦差大臣奉天府尹廷杰，放荒结竣，奏请设洮南府和靖安县（今洮北区）、开通县（今通榆县一部分），获得了光绪皇帝旨准。在“萨吉毛都”设立了洮南府，隶属盛京将军衙门，辖靖安县、开通县。光绪三十一年（1905）八月二十四日，盛京将军赵尔巽奏准在解家窝堡（今平安乡）设安广县，属盛京将军治下的洮南府统辖。由此，实现了其蒙汉分治的目的。

郭尔罗斯前旗是内蒙古东部地区较早实行蒙地开放地区之一。“借地养民”使吉林蒙古族地区出现了纯农业、农牧业和纯牧业并存的经济结构。郭尔罗斯前旗地区，从乾隆末年到“中华民国”中期开放了将近五分之四，打破了札萨克辅国公世代相袭的游牧版图，札萨克公由统领蒙古族的牧主转而成为占有大面积耕地而收纳地租的地主，从而加速了吉林蒙古族地区牧业经济向农业经济的转化。

向海蒙古族乡实施“百村万户”致富工程建设葵花园区

由于大片土地的开垦，郭尔罗斯南部以长春府为中心，沿伊通河、饮马河、雾开河两岸，松花江南岸，包括农安、德惠、九台、长岭、乾安等地，已经形成了农业区。在蒙汉杂居地区，出现了以农业为主、农牧业并存的局面。

在清末民初，吉林蒙古族地区存在着纯农业、农牧业和纯牧业三种生活方式。居住在满、汉民族接壤地的蒙古人已弃牧从农，成为纯农业者；居住在半开放地的蒙古人，仍以牧业为主，以畜养牛羊为主，兼种一些谷物，成为农牧业者；在距离汉、满民族较远的草原西部的蒙古人，仍以逐水草而栖，以牧业为生，成为纯牧业者。

清政府为了加强对蒙古人的统治和管理，对蒙古地区实行盟旗制度。顺治五年（1648），在蒙古地区实行盟旗制，郭尔罗斯前旗成为哲里木盟十旗之一。

盟旗制度宣告大规模游牧方式的结束，其结果是蒙古土地的分割。从此，蒙古人被限定在旗界以内，隔断了与氏族或部落之间的互动和联系。

盟旗制度的建立是蒙古草原政治制度史上的一个转折点。蒙古的盟旗制

洮南黑水西瓜丰收

金秋农家

度是以地域为本位的制度，是草原游牧社会与中原农耕政治制度结合的产物。盟旗制度，从根本上实现了对蒙古地区经济、行政、制度的区域化。通过人口迁移，实现蒙汉杂居，改变了蒙古地区人口的结构、生活方式等。而当时的蒙古地区还没有这种管理的政权机构和相应的法律规章，这为清朝政府在蒙古地区建立州县政权机构提供了前提条件，进而彻底实现了从经济、政治、人口结构、行政区划等方面对蒙古地区的全面控制。

盟旗制度的建立，使各旗旗民恪守旗界不能逾越的原则，削弱了蒙古各部落之间的联系，为清代大规模汉民移民与游牧族群的近距离接触、互动、交流与融合提供了契机。在客观上促进了农耕文明与游牧文明之间的交往与互动，促进了经济的发展。另外，通过蒙满联姻，下嫁给蒙古王公的福晋都是清代公主，清代公主带来的陪嫁户是汉族的工匠、农民、园艺能手等，成为传播农业生产经验和农耕文化的传播者。

在盟旗制度下建立的王府，其样式结合了蒙古、汉、藏特点。王府周围出现了定居的蒙汉居民，蒙古包开始消失，取而代之的是蒙汉民村落。由此蒙古族传统的生活方式、生活习惯、饮食起居、民风民俗发生了颠覆性变革。

恭格喇布坦——郭尔罗斯前旗农耕文化的开拓者

郭尔罗斯前旗第九任札萨克辅国公恭格喇布坦，出生于乾隆二十二年（1757），袭辅国公，属于闲散王公。乾隆三十二年（1767）、乾隆四十四年（1779）两次被乾隆皇帝指婚，娶皇族弘晀之女和永嘉之女，成为皇家额驸，并在郭尔罗斯前旗西部查干花昂格来建额驸府，并将札萨克驻地第一次由公爷府屯东移。

乾隆五十六年（1791），额驸、辅国公恭格喇布坦未奏明朝廷，将郭尔罗斯前旗东部靠柳条边宽城子一带牧地，招山东农民张立绪等人入境拓荒，垦种庄稼，以农耕土地出租增加蒙旗收入，这是郭尔罗斯前旗蒙地放垦之始。

乾隆六十年（1795），札萨克一等台吉阿喇布坦去世，朝廷将郭尔罗斯前旗札萨克一职授予固穆七世孙恭格喇布坦。

恭格喇布坦于嘉庆三年（1798）去世，由其长子绰克温都尔恩克巴拜袭任札萨克辅国公，成为郭尔罗斯前旗第十任札萨克。

2. 快速发展的现代农业

（1）郭尔罗斯现代农业

作为吉林省蒙古族地区的主体部分，前郭尔罗斯蒙古族自治县在农业方面如今已发展成为全国产粮大县和全国粮食生产先进县。形成了以南部优质玉米大豆、北部棚膜瓜菜复种、西部优质杂粮杂豆、中部优质水稻和以查干花镇为中心的精品牧业及以查干湖水产养殖为六大生产基地的现代农业经济结构。

完成了引松清淤、灌区续建配套及土地整理项目，引导农民应用高光效休耕轮作、旱田保护性耕作和测土配方施肥等新技术，以科技促增收，粮食产量连续多年增产。

现代农业快速发展。2010年以来，在王府站镇、乌兰傲都乡、乌兰塔拉乡等乡镇建设现代农业示范区。王府现代农业示范区，2011年4月建成投入运行，区内集约土地2万亩，采取“四化六统一”的管理方式，“四化”即集约化经营、规模化生产、机械化作业、产业化发展；“六统一”即统一选种、统一耕种、统一施肥、统一技术、统一收割、统一销售。

全县农业生产综合机械化水平达到84.3%，农业机械化作业水平居全省首位。拉动农民固定资产投资1.1亿元。年度发展20万元~50万元以上农机大户356个，农机合作组织35个，连续多年被省政府评为全省农业机械化示范区建设先进单位。

2013年，采取“龙头企业+合作社+农户”“合作社+农户”“公司+农户”联户经营和家庭农场等经营模式，规模化经营示范区的机械化、水利化、科技化和标准化水平大幅提高。重点探索了家庭农场新型经营模式，制定下发了《前郭县家庭农场认定和注册办法》，并在全县范围内开展注册和认定工作。采用“公司+合作社+品牌”模式，大力开展棚膜瓜菜生产经营，发展棚膜瓜菜产业。

现代化机械收割

（2）白城地区蒙古族乡农业

白城地区八个蒙古族乡，利用当地自然资源，通过调整经济结构，积极发展特色农业、畜牧业等多种经济发展方式，促进了经济的发展。

白城地区洮北区德顺蒙古族乡地处洮儿河冲积平原，土地肥沃，这里也是白城较早的农业开发区。德顺乡通过积极调整种植结构，大力发展特色农业，特色农作物红干椒、黏玉米、芝麻、棉花等种植已形成规模。成立了稻米协会、辣椒协会、奶牛协会等农村经济合作组织，发展订单农业。引进了优质粮核心区项目，城四家子村、庆丰村盐碱地治理项目，完成了双塔村、胡里村900万元的土地整理项目等。

镇赉县哈吐气蒙古族乡通过不断调整经济结构，依托资源优势，优化产业结构，确定了畜牧业为全乡经济发展的主导产业，烤烟生产为全乡经济发展的支柱产业，带动效益农业的发展，加快牧业强村建设，走“以农养牧，

绿色养殖

以牧促农，农牧结合”的发展之路。

胡力吐蒙古族乡现代化养鸡场

洮南市呼和车力蒙古族乡，不断加大农业科技含量，农民的科学种田水平进一步提高，学科学、用科学的积极性空前高涨，选用良种、配方施肥、地膜覆盖、大棚蔬菜、科学养畜等各类先进技术已被越来越多的农民所认识和掌握，农村劳动力素质有了明显提高。

洮南市胡力吐蒙古族乡，地处大兴安岭山区，土地干旱少雨。农业主要以种植葵花、马铃薯、玉米为主。

通榆县包拉温都蒙古族乡，地处科尔沁沙地，属半干旱地区，主要生产方式以农牧业为主。农业主要以玉米、谷类、杂粮、杂豆为主，近几年开始种植辣椒、芝麻等经济作物。农作物播种面积2 500公顷。牧业以牛、马、羊为主。

向海蒙古族乡因地处科尔沁沙地，生产方式主要以农业和牧业为主，主要农作物有玉米、高粱、谷子、糜子、荞麦、葵花、绿豆、豇豆、蓖麻、打瓜、西瓜。近几年又不断调整种植结构，芝麻、花生、辣椒、棉花也开始有大面积的种植。

大安市新艾力蒙古族乡，重点开发烤烟、芝麻、苹果、洋葱、长纤维大莞子、桑园、水稻、绿豆、葵花和花生新产品，形成了“农牧并举、基地支撑、多元增收、团结和谐”的发展格局。

四、旅游经济

以自然生态旅游、渔业生产和民俗旅游为特色的吉林蒙古族旅游经济成为吉林省县域经济的一大亮点和特色。

1. 查干湖国家级自然保护区

位于吉林省松原市西北部的查干湖，是我国十大淡水湖之一，吉林省最大的内陆湖泊，也是著名的渔业生产基地、芦苇生产基地和天然的生态旅游胜地。有鱼类15科68种。查干湖及周边地下蕴藏着丰富的石油和天然气资源。

1986年，查干湖被批准为省级自然保护区。2007年，查干湖又被国务院批准为国家级自然保护区。保护区内有鸟类15目34科239种，其中水禽类13科116种，有国家一级保护的东方白鹳、黑鹳、丹顶鹤、白鹤、白头鹤、金雕、白尾海雕、大鸨、中华秋沙鸭等9种，有国家二级保护的白天鹅、灰鹤、雀鹰、黑脸琵鹭等共35种。有野生植物200余种，其中药用植物149种。

保护区有哺乳类兽类动物25种，隶属于5目12科，占吉林省兽类总数（81种）的30.9%。在这25种兽类中食肉类动物计5种，占33.3%。包括狼、

查干湖鸥鹭戏水

赤狐、貉、黄鼬及艾鼬。啮齿目种类最丰富，计15种，占区内兽类的60%。包括草原黄鼠、三趾跳鼠、黑线仓鼠、布氏田鼠、麝鼠、草原鼢鼠及巢鼠等。此外有兔形目的草原兔，食虫目的达乌尔猬。

自2002年以来，查干湖旅游经济开发区成功举办“中国·吉林查干湖蒙古族民俗旅游节”和“查干湖冰雪捕鱼旅游节”，主打北方独具民族特色的旅游项目，包括游览查干湖、查干湖冬捕、垂钓、参观博览馆、朝拜妙因寺、赏查玛舞会、登鸿鹄楼、看蒙古族婚俗表演、篝火晚会、祭敖包、郭尔罗斯全羊席、查干湖全鱼宴和游蒲苇迷宫等项目，拉动了经济的发展，扩大了国内外知名度。

2. 莫莫格国家级自然保护区

镇赉县莫莫格蒙古族乡独特的自然资源及自然景观，为其开发旅游经济提供了得天独厚的有利条件。作为国家级自然保护区“吉林莫莫格国家级自然保护区”的所在地，保护区面积14.5万公顷，其中湿地面积占保护区面积的80%以上，湿地综合评价指标名列全省第一，是吉林省最大的湿地保留地，被誉为“吉林西部之肾”，在国际湿地中占有重要的地位。

全世界有鹤类15种，莫莫格保护区有6种，分别为白鹤、丹顶鹤、白头鹤、白枕鹤、灰鹤、蓑羽鹤，其中丹顶鹤、蓑羽鹤、白枕鹤在本区繁殖。保护区有鹳类两种，即东方白鹳和黑鹳。保护区内野生动物繁多，其中两栖类有1目3科6种；爬行类有2目4科8种；鱼类有4目11科52种；兽类有4目1129种；鸟类有298种，分属于17目50科，其中雀形目126种，非雀形目鸟类172种，非雀形目鸟类占全区鸟类的57.72%，其中湿地水鸟120种。

据保护区研究监测，自2000年以来，白鹤在这里停歇的种群数量逐年上升，已由当初的300多只逐渐增加到3 133只，春秋两季在此停歇时间长达130多天。而目前，白鹤的全球总量也不过3 200只左右。2010年，中国野生动物保护协会授予镇赉县“中国白鹤之乡”的称号，这是对保护野生动植物、爱鸟护鸟行动的充分肯定和褒奖。“中国·镇赉白鹤节”已经连续举办了两届，作为“中国白鹤之乡”的品牌和平台对推动湿地生态保护和县域经济发展起到了积极的促进作用。

莫莫格国家级自然保护区

在保护区内建有莫莫格民俗村中心旅游区，内有300多公顷水域环绕而成的绿色小岛，呈三角形分布，环境优雅，景色宜人。有野外观鸟游、草原风光游、蒙古风情游、生态体验游、环保科考游等系列项目。有体验自然的博物馆、千鸟园、荷花塘、林果园、小木屋、蒙古包、篝火晚会、独具特色美食、纵马驰骋的跑马场。特色美食有满族八大碗、长春酱肉、冻饺子、长春蹄花丝、砧板狗肉、羊肉烧芸豆、荷花田鸡油、打糕、冷面、人参炖乌鸡等。

3. 向海国家级自然保护区

通榆有一块誉满全球的湿地——向海。向海是国家级自然保护区，总面积1 055平方公里。区内沙丘蜿蜒起伏，湖泊波光潋滟，黄榆婆娑起舞，苇海碧波荡漾，草原碧波万顷。向海保护区内有各类珍禽297种，其中对保护生态环境具有重要意义而被称为“湿地指示物种”的鹤类就有6种。目前在世界上仅有的近1 500只一类保护珍禽丹顶鹤中，就有100多只在这里繁衍生息。

向海因旅游业发达已经形成了游、住、吃、购一条龙的旅游产业格局。仙鹤岛、百鸟乐园、千鸟巢、沙滩浴场、蒲草苇荡、蒙古黄榆、山杏林、古遗址、香海寺等旅游景区都让游客流连忘返。来到向海，那种“美在天然，贵在原始”的天地之大美，让久居城市的人们更能感受到回归大自然的那种心旷神怡。

向海有“七大桂冠”：1986年被国务院批准为国家级森林和野生动物自然保护区；1992年被世界野生生物基金会评审为“具有国际意义的A级自然保护区”；1992年列入《国际重要湿地名录》；1993年被国家人与生物圈委员会批准加入“中国人与生物圈保护网络”；2005年被评为国家AAAA级旅游景区；2009年入选“吉林八景”前三甲；2012年被评为首批“全国低碳旅游示范区”。“东有长白，西有向海”，通榆向海已经成为吉林省重要旅游胜地。

第四章 民俗风情

一、婚葬习俗

1. 婚俗

吉林省蒙古族传统婚礼习俗历史久远，世代沿袭，以隆重的婚礼为中心，以贯穿的《婚礼歌》为主线，有迎送宾朋、祭火拜天、文体娱乐等民俗内容。

在氏族社会，蒙古人认为氏族内部成员来自同一祖先，内部不能通婚。草原辽阔，居住分散，娶妻或嫁女要到遥远的地方，女儿出嫁不知何时与父母兄妹相聚，婚礼就成了男婚女嫁的喜事和亲人离别的悲事。因此，吉林省蒙古族在婚嫁时，用歌声表达喜庆和悲伤，婚礼歌由此诞生。

清代以前或至清代，吉林省蒙古族婚姻形式颇多，有“抢婚”“表亲婚”

蒙古族传统婚俗

蒙古族传统婚俗

“转房婚”“入赘婚”“服役婚”，以及“抱斧婚”“碾子婚”“童养婚”“指腹婚”“买卖婚”等。

抢婚，又称掠夺婚，曾为蒙古族人早期婚姻形式。吉林省因多民族杂居，受其他民族特别是汉族婚俗的影响，境内蒙古人较早弃绝此种婚姻形式，只在一些婚礼仪式上保留着这种遗风，做一下象征性动作。

一般的婚姻，仍以父母之命、媒妁之言为结婚的社会准则，但为保护血缘纯正，一般不在同一部落中嫁女。其婚礼过程包括聘婚、许婚筵、择吉日、纳彩（过礼）、婚仪等礼节。

吉林省蒙古族婚俗由《婚礼歌》和一些固定程序贯穿起来。到了近代，随着民族融合，增添了一些新的内容。如，迎亲人到达后，女方迎亲者向男方献茶。双方歌手一同唱盛装赞、祝赞歌、赞马歌、贺喜歌等。

2. 葬俗

吉林省蒙古族因受生存环境和生活方式的影响，其葬礼是比较简单的。人死前，全家人以至诸亲好友都守在其边。死后，全家举哀。葬礼通常极为简单，一般不设灵床、不摆供品、不穿孝服、不烧纸钱、不用音乐，但是也有打幡、摔盆、路祭等仪程。蒙古族的丧葬方式主要有土葬、火葬和水葬，较为普遍的是土葬。

土葬：13世纪的蒙古人已开始实行土葬。早期蒙古人认为死亡是由此世度入彼世，要为死者到彼世安排生活，不论贫富都要尽力为其穿戴好。而现在，随着社会发展和思想文化水平的提高，一些带有宗教色彩的丧葬活动已经逐渐减少。土葬正逐步发展为深葬，尤其是农业区的蒙古族与汉族的土葬基本相似。

火葬：蒙古族人的火葬是随着藏传佛教进入后开始出现的一种丧葬形式，一般在野外火葬。喇嘛去世后，也要火葬。另外常人因患传染病或者难产而死也要火葬。火葬时在尸体上涂满黄油，并请喇嘛念经超度，有的把骨灰埋于旷野，有的则抛洒于山谷、江河。现在的火葬，也不再限于原有那些烦琐礼仪，逐步习惯于送火葬场火化。

有的地方在实行火化后，仍习惯于将骨灰撒入江河中，人们将此种葬法称为水葬。

二、生育寿诞礼俗

1. 生育礼俗

吉林蒙古族妇女生了孩子后，一般每日喂三次母乳。如母乳不足，则以牛羊乳兑水代之。

蒙古人对包孩子很重视，自出生到会坐前都包着。包法是用大一点的一

吉林蒙古族儿童

摇篮

块方布，向里折一角，把孩子的两腿并拢，两膝靠紧，两臂向下伸直，用方布包紧，在脚膝、胸部用布条扎结。这种包法，用以专门纠正或防止小儿膝部向外弯曲的毛病，便于长大后骑马。

蒙古语称“摇篮”为“乌鲁格伊”。“乌鲁格伊”一般是用山丁子、杜李、杏、榆等树的木材制成，其两侧有蒙古语称之为“阿日勒”的护栏。护栏由两根蒙古语称之为“浩勒宝斯”相连接成长方形框架。“阿日勒”两端底部由两个半圆形木板支撑，婴儿则躺在连接“阿日勒”两端半圆形木板的长条木板上。“乌鲁格伊”只要稍稍摇动，就会有规律地摇晃起来。“乌鲁格伊”内会放有装满荞麦皮的红色布袋，婴

吉林蒙古族姓氏

吉林蒙古族姓氏大体有三种：第一种，本氏族、部落的名称。第二种，仿照汉姓，把蒙古姓氏按汉字谐音化简，如孛儿只斤、博尔济特，简称姓“包”“宝”或姓“鲍”；乞颜、奇渥温，简称姓“齐”；哈拉特尔，简称姓“韩”等。第三种，直接采用汉姓。这种情况，原因很多。在元代蒙古贵族占统治地位，多为交往的方便；明代以后，因蒙汉通婚，子女改用汉姓；另因旧时的大汉族主义的压迫，被迫改用汉姓；还有封建皇帝赐予的汉姓；还有的作为清王朝陪嫁奴或其他奴隶到蒙古王旗来，仍沿用原来的姓氏，如科尔沁的张、贾、李、马、唐诸姓。

儿躺在上面即柔软又舒适，冬暖夏凉。

吉林蒙古族生了小孩后，也有如汉、满民族相似的各种礼仪习俗。新生儿满100天，要为孩子举行“过百日”。过周岁时，有两项重要内容：一是“抓岁”，二是“打绊脚线”。蒙古族小孩到三五岁时，要在奇数年龄时举行剪发礼，邀请亲朋好友参加。剪发时，第一剪子须请属性相合、年纪大、子孙多或弟兄多的人，余下的远亲和朋友先剪，近亲次剪。被推为第一个剪的长者所拿的剪刀要系上哈达，剪时还要口念祝词。被邀请给小孩剪发的客人还要向小孩赠送各种礼品。礼毕，主人煮整羊置于大铜盘，宴请客人。

2. 寿诞礼仪

按蒙古族传统，青壮年不过生日，只为老年人祝寿，在本命年或六十、七十、八十、九十、百岁整寿时祝寿。

蒙古族老人寿诞，不按生日，只要进入本命年，即在正月初一到十五之间任选一天，举行寿筵，请喇嘛念《平安经》，由寿星讲述民族史、家族史，

天伦之乐

对青年进行传统、道德、伦理教育，并对亲友致辞，祝幸福和好运。

寿诞气氛热烈而庄严，宴席丰盛而隆重。寿星端坐主位，接受儿孙拜寿和亲朋祝贺。在琴声和祝寿歌声中，儿孙们按辈分依次敬献蓝色“朗翠”大哈达，并行叩首礼，向寿星献“德吉”（第一口酒和第一口菜），同时献祝词。寿星一一答词后礼毕。寿星举杯过头或放在胸前，无名指蘸酒，向空中“泼祭”三次，感谢苍天佑护；向地“泼祭”三次，感谢大地恩惠；然后续用无名指蘸酒，为敬献者施涂抹礼，祝幸福和好运。之后，寿星作即席讲话。然后，在祝福歌声中，共进寿宴，亲友轮番敬酒。酒过三巡，青年纷纷离席，跳“盅碗舞”“筷子舞”，唱蒙古民歌，把宴席推向高潮。在牧区，也有的在酒后举行摔跤、射箭、赛马等“男儿三艺”，并举行篝火晚会。

三、交往礼俗

吉林蒙古族散居在其他民族中间，但依然保持着古老的交往礼俗。

1. 以西为大 以长为尊

蒙古人自古有“以西为大，以长为尊”的习俗。以西为大，在家庭主要表现在佛龛、祖像的方位和房间、座席的位置上。蒙古人的佛龛、祖像都要供在毡包和房屋的西北角上。墓地也是以西为大，按辈排列。房屋或毡包及座席也以西为大。

蒙古族无论在自家内，还是到别的家庭做客，都要注意辈分。住房，长辈要住西间。客人来了，不能坐在西炕上。客人吃饭时，客人要以礼敬请本家长者入席，且长者要坐首席。

2. 迎送客人 礼节彬彬

家里来了客人，全家人都要迎出去，开院门，呼家犬，掀包帘。主

迎客

人、客人相见，晚辈要向长辈屈右膝请安。客人由主人陪同走到门前，主人要站在蒙古包或房门外的西侧，右手放在胸前，俯首微躬，请客人先进。客人则要将马鞍放到门旁，不得手持马鞭进屋。蒙古包内，正对包门为上座，其右方为妇人席，左方为一般客人席。客人如比主人辈分高，主人要让出自己座位，以示尊敬。

3. 敬茶要满 敬烟要礼

蒙古族的饮茶风俗始于元朝，到明清时期几乎普及到每个家庭。牧区、半牧区多为奶茶，农牧区多为红茶。由于农耕勃兴，草原锐减，畜群量小，牧区、半牧区多为红茶，农业区多为花茶。如今几乎达到早、午、晚，食可缺、茶不可缺的程度。

吉林省蒙古族大多数家庭都十分讲究茶道。茶具不仅要式样好，还得工

敬鼻烟

艺精美。用过的茶具必须擦洗干净。家中来了客人，壶中的茶即使是新沏的，也必须要倒掉重沏，否则就是对客人的不尊敬，不礼貌。如果喝茶人多，不能把茶壶中的茶水一两碗倒干，而是将碗或茶杯集中在一起，均匀地倒入各碗。茶壶续上新水后，再依次添满，各取或捧送自己所用之杯。如家中来的是尊贵客人，喝茶时还要端上奶皮子、奶豆腐，让客人食用。

有的民族以“满杯酒，半杯茶”为礼貌，吉林省蒙古族不同，主张斟茶也要斟满才显主人的热情、实在。

清代盛行鼻烟，到蒙古族家庭做客时，殷勤好客的主人常常拿出一个非常精致的小扁瓶给客人，客人从瓶中倒出一点“粉末”，用手指捻搓后用鼻吸入，这小瓶就是鼻烟壶，蒙古语称为“呼呼尔”。

客人来了，家中的年轻媳妇，多要出来给客人敬烟。烟卷好后，由客人自己黏合。如今，在吉林省蒙古族中多用烟袋吸黄烟。有时客人来了，主人取过客人的烟袋装上自家的烟叶捧给客人，客人亦取过主人的烟袋装上自己

鼻烟壶，约一寸高的长方扁状小瓶。从形状上看，有佛手的、茄形的、莲蓬形的、梨形的。从用料上看，有玉、象牙、琥珀、玛瑙、翡翠、水晶、陶瓷等。玉制的有白玉、黄玉、籽玉；玛瑙制的有花玛瑙、红玛瑙、胆青玛瑙、珊瑚玛瑙、碧玉玛瑙；晶石制的多有紫晶、藕荷晶、鬃晶、发晶……随着黄烟（叶子烟）的盛行，吸鼻烟人逐渐减少。

鼻烟壶

的烟叶回敬给主人吸。

敬烟是尊重对方互相交际、表露心愿的好办法，也是解疑释误、融洽感情的好形式，倍感亲切温暖。

4. 诚献德吉 敬献哈达

吉林蒙古族把进餐时的第一口称为“德吉”，为首杯、首箸、首口之意。饮茶的第一口，也被称为献“德吉”。

蒙古族家庭里来客人进餐或者饮茶时，多是年轻人把第一杯酒献给客人。吃饭、吃菜也是请客人先动筷吃第一箸。这就是献德吉，蒙古语称为“德吉乌日根”。节日、祭日时，有的家庭要将“德吉”献于已故亲人的遗像前，家中成员依次祷告、祝福、上香、叩首，以表示对逝者的怀念和尊敬。

哈达，是藏传佛教传入蒙古草原后的礼敬用品，也是喜庆交往致贺礼品，又是欢迎尊贵客人敬献的礼品及哀悼丧葬的敬谒礼品。初在宫廷、官府等上层社会施行，到16世纪后期，才在民间渐渐流行起来。

献哈达

哈达长短不一，以白色为主，也有蓝色和黄色的。大都采用丝绸面料，也有绢纱或普通白布，绣有“八宝”“云林”等花纹。

四、节庆习俗

1. 查干萨日

蒙古族崇尚白色，蒙古语中“查干”是有“白色”“圣洁”“开始”等含义的多义词，“萨日”即月份之意。“查干萨日”意为春节、白色的新年或新年的第一个月，因此也译作正月。

吉林省蒙古族喜迎春节的“查干萨日”习俗从远古传承至今，虽然所处的地理位置变迁、社会结构变化，但独特的风俗习惯始终得到世代沿袭，且分布区域遍及全省蒙古族居住的每个村屯。

“查干萨日”团圆饭

“查干萨日”祭祖

蒙古族过春节分“送旧”和“迎新”。腊月二十三要先打扫卫生、清洁庭院，傍晚时要“祭火”。蒙古族认为“火”代表着一个家族的传宗接代和兴旺。烧完祭品后，全家进餐。

除夕是“查干萨日”最热闹的一天，全家人换上新装，举行祭祖、供佛、祭家或祭敖包，还有全家欢聚吃团圆饭、拜年、表演歌舞、玩游戏等一系列活动。

初一最主要的活动是拜年、献哈达和酒。不分男女，相见互问候“新年好”“过年好”。

吉林蒙古族遵循祖辈留下的过年习俗，形成有地域特色的春节习俗。喜度春节时间较长，有“庆小年”“度除夕”“迎初一”“闹十五”“终二月二”的“查干萨日”习俗，延续至今。

2. 祈月节

蒙古族信奉长生天、祭拜日月众神，视皎洁、圆满的月亮为上天之圣物。白面馅饼的颜色和形状都酷似圆月，郭尔罗斯蒙古族将这种农耕与游牧文化最佳结合的产物视为圆月的象征。馅饼在本地区出现至今，已成为有着三百多年悠久历史的民族美食、传统名点。

吉林蒙古族馅饼形成的饮食文化在受到自然崇拜、图腾信仰这种古老习俗的深刻影响中，逐渐产生了祈月节。蒙古语称为“萨日特古日勒”，意为“祈盼月亮圆满”。节日礼俗的核心是烙制和品尝馅饼，遥望和祈福新月。

3. 五月节

农历五月初五，吉林蒙古族多于是日外出打猎，称为猎日。传说，成吉思汗病故前，曾打猎受伤是在五月初五日，故又称此日为猎日。

相传，蒙古先人受到外侵时，曾躲于白蒿丛中得以逃生。因此，蒙古人视蒿为仙草，不但要将艾蒿挂在家中，还要将其插放于敖包上进行祭祀。如今，吉林蒙古族依然保留着端午节踏青、登山、采艾蒿的习俗。五月节当天，人们起早上山采集艾蒿，插放在门窗和箱柜上，还将艾蒿叶夹在耳朵上，以求吉祥。

五、生活禁忌

吉林省蒙古族的民间习俗中，也有一些需要注意的禁忌。例如，骑马、坐车接近蒙古包或房屋时，要轻骑慢行，提前下马、下车，一为尊敬主人，二为避免惊扰家犬和畜群。

进入蒙古包或宅院时，不能手持刀枪和绳索、棍棒，要把马鞭放在门

蒙古族宴请时的座次和方位严格遵照传统习俗执行

外。进包或进屋后，要立即脱帽，并坐在椅子或炕的右侧。冬季烤火时，不能在火盆或火炉上烤脚、鞋袜、裤子等，以免污染空气。不许从炉子、帽子、枕头上跨步而过，不能站、坐在门槛上。妇女和孕妇的衣物不准悬晾于炕上的横杆及拉线上，视为不洁。两人正在谈话时，忌讳旁人从中间穿过。

在吉林省西部蒙古族家中做客，主人献茶时，客人要欠身用双手捧接，忌用单手接过放下。不能用烟袋和手指对他人指指点点，睡觉时双足不能仰伸西北方向。不能在客人面前泼水或倒脏土。

客人离去时，要待送行的主人回去后再上车或上马。客人刚要出门时，不许立即泼水、扫地，以防有驱赶之意。家里有病人或孕妇生产，主人不能待客，要在门外的右侧拴一条绳子，把绳的一端埋在地下，客人见之即不进入。

六、特色饮食

1. 黏豆包

在吉林民间，蒙古族黏豆包深受满、汉等民族的影响，只是所做的豆包体积较大，通常制成后不蒸熟而是直接冷冻保存，食用时再取出蒸食。

黏豆包

黏豆包一般是在初冬季节开始制作，制作方法是先将黄米浸泡约半日，淘净沙子后晾干后磨成面粉。用冷水和面，发酵。待发出酸味，开始揉面。同时，还要制馅。将红小豆或大芸豆煮熟、捣成豆沙（可根据口味放入少量糖），攥成馅团。最后，用揉好的黄米面将豆馅团包好，即可团成豆包。

2. 馅饼

蒙古族馅饼

随着我国东北地区的开发，吉林蒙古族开始了粮食生产，于是肉食、乳食、粮食成了这一地区蒙古族生活中的三大食品，其中白面与肉食一起食用是蒙古族地区最为常见的，因而也就产生了“蒙古族馅饼”这一面食。

吉林蒙古族馅饼不仅好吃，而且具有较高的营养价值。蒙古族馅饼距今已有三百多年的历史，最早是以本地特产的荞麦面制皮，牛、羊、猪肉为馅，采用干烙水烹的方法制成。大约在明末清初时期，馅饼面食从民间传入王府，由干烙水烹改为用豆油、奶油煎制，并用白面做皮，后来成了王府中经常食用的佳品。如今，馅饼已成为深受群众喜爱的特色食品。

3. 牛肉干

牛肉干

牛肉干历史悠久，蒙古族先民在森林狩猎时代就有风干余肉的技能和习俗。随着游牧生活的出现，草原牧民就有了晾晒牛肉干的生活习俗。

牛肉干经过传统手工做法精制而成，制作工艺复杂。制作时，将牛肉经切割、腌制、风干、油炸等一系列工序后，做成低脂肪、高热量、口感香浓、回味悠长、色泽金红、外焦里嫩的牛肉干。由于料精、工细，在蒙古传统饮食文化中被视为极品，专门用来款待贵客。

4. 查干湖全鱼宴

吉林省蒙古族全鱼宴是以查干湖为中心，是辽金时期沿袭至今的传统名

查干湖风光

宴。查干湖及其周边的嫩江、松花江等广大水域内生产的各种鱼类，为当地制作独具特色的全鱼宴提供了物质条件。世代居住在周边的广大群众，善于制作各种以鱼为主料的菜肴。加之制作所用的鱼类全、菜样多而被称为“全鱼宴”。其制作技艺是伴随当地的渔业生产而发生、发展，是属辽金遗风中的民间技艺之一。

查干湖全鱼宴，是前郭尔罗斯蒙古人根据查干湖野生鲜鱼为主料，采用炖、煮、焖、熘、煎等技法，制作极富地方特点、极蕴民族特色、极合大众口味，且有极高营养价值的地方名宴。近年来，前郭尔罗斯还创出了以全鱼宴为核心，形、色、味俱佳的“查干湖风情宴”，并已逐渐形成品牌佳肴，是郭尔罗斯地区饮食文化的代表作，现已成为吉林省地方特色、餐饮的著名品牌。

传统的“全鱼宴”经过湖区群众的传承，特别是餐饮业名厨们的潜心研制不断得到创新发展。如今，“全鱼宴”以查干湖的野生鲜鱼为主料，经炖、煎、炸、爆、割等独特的厨艺加工，用小仅几厘米长，大至十几斤重的十几种甚至几十种查干湖野生鲜鱼做成冷、热、生、熟具备，软、嫩、酥、脆俱

全，香、甜、麻、辣俱有的丰盛宴席。查干湖全鱼宴按季节的不同，所选用鲜鱼的种类、数量也不尽相同，但四季口味却都不失鲜美。全鱼宴包括剒生鱼、清蒸鲫鱼、炖胖头等。

“剒生鱼”是一道深受人们喜爱的名菜，多选用二斤以上的黑鱼为主料，鲤鱼、狗鱼也可入选。制作时去掉鱼鳞和内脏后剥皮，将肉剒下，切成细丝，用醋浸泡，直至肉丝变成白色，将肉丝与焯好的绿豆芽、菠菜等配料放在一起，再辅以芝麻酱、海米、辣椒油、食盐、味精、米醋、蒜末、姜丝等作料拌匀，食之格外爽口鲜美。

“剒生鱼”这道名菜由来已久，而且地域也不仅限于查干湖和松、嫩两江一带。“剒生鱼”不但对鱼的品种、大小、鲜度要求严格，而且也讲究吃的季节。阳春三月，查干湖冰雪消融，开湖鱼既肥且鲜，是吃“剒生鱼”的最佳时节。

近年来，全鱼宴全面发展和创新的过程中，出现了以全鱼宴为核心的“查干湖风情宴”。“查干湖风情宴”是结合地方民族特点设计的具有形、色、味俱全的特色名宴。“查干湖风情宴”由六道凉菜、六道热菜、一道汤菜、两

布网

冬捕头鱼

渔猎天堂

道主食组成。凉菜的花摆造型选用风光秀丽的查干湖为主调，突出了北国大湖所特有的蒲苇轻拂、粉荷竞艳、鹤翔鸟鸣的自然景观与生态绿色，象征健康与长寿。热菜品种的选用以前郭尔罗斯浓郁的民族风情为主调，将蒙古族传统的餐饮文化与现代的烹饪技艺有机结合，以查干湖特产鲜鱼、前郭尔罗斯大草原特产绵羊为主料，突出民族特色与地方特点，不仅色香味美，而且造型别致，令人食之回味无穷。

近年来，以传统的“全鱼宴”为基础创制的“查干湖风情宴”声名远播，在中国第三届美食节上技压群芳，共获整体和单项7项金奖，其中“查干湖风情宴”被评为中国名宴。

5. 荞面食品

荞麦，又称三角麦、乌麦或花荞，在我国有着悠久的种植历史。公元前5世纪的《神农书》中记载为八谷之一进行栽培。

几百年来，由于特殊的地理位置和土壤、气候条件，吉林省蒙古族地区盛产的荞麦质量好，营养丰富，作为绿色食品，具有独特的医疗和保健价值。在民间种植荞麦、食用荞面的范围很广，其中在前郭尔罗斯查干花镇、前郭尔罗斯镇、乌兰敖都乡、乌兰图嘎镇、浩特茫哈乡、东三家子乡、海勃日戈镇、乌兰塔拉乡等蒙古族聚居区，更具民族特色。

吉林省蒙古族地区的荞麦面分冷食、热食两种，其食品样式多达几十种，味道可口，且营养丰富，具有医疗和保健作用。主要有荞面饸饹、“猫耳朵汤”、荞面肠、荞面条、蒸饺、锅贴、牛犊汤等。制作过程中，除荞面饸饹需用“饸饹床”加工外，大多与其他食品加工方法相同。

（1）荞面饸饹

荞面饸饹在吉林省西部的前郭、通榆等地较为常见，具有独特的风格，传统的做法和现代做法略有不同，但都具有现代营养学的理论要求。

荞面饸饹做法很简单，但要求很严格。首先，做荞面饸饹的荞面要上等的面，质量要过关。把面和好，最好在荞面中加入少量白面，这样轧出的饸饹不易断。轧饸饹需要饸饹床，一般饸饹床是木制（少有铁制），饸饹床底部有漏孔，把和好的面按轧口的大小切成块状。其次，把大锅里适量的水烧开，把饸饹床放在灶台上，把面放进轧口里慢慢轧。随着用力，从饸饹床漏孔出来的一条条饸饹下入锅中煮熟，捞出后一般放入冷水中。饸饹一般都要和猪肉酸菜卤搭配着吃，如果还要调味的话，可再加韭菜花、蒜泥、酱油、醋等调节味道。

荞面饸饹

（2）猫耳朵汤

猫耳朵汤是吉林省蒙古族地区较为特殊的饮食，因为成品面的形状像猫耳朵，所以叫猫耳朵汤。做法是把和好的荞面做成手指粗细的条状，然后把它切成大拇指指甲大小

猫耳朵汤

的块，用大拇指在手掌心捻成猫耳朵形，这样猫耳朵面就做好了。把面在清水中煮熟，猫耳朵汤煮好后倒进熬好的排骨汤食用。

（3）荞面血肠

荞面血肠

在前郭尔罗斯的荞面食品中，蒙古族的荞面血肠名气较大。目前，荞面血肠已成为民族餐饮中不可缺少的特色菜肴。

做法：先把猪肠洗净，用盐水泡好，去除异味。在猪血里放好荞面和葱花、蒜末、花椒、香菜、腔子油、食盐、鸡精等各种调料，浓度适宜。把猪血灌进猪肠后，煮熟或蒸熟。食用时，把熟肠切成薄片，用油煎着吃，味香可口。

七、传统服饰

为了便于在马背上放牧、狩猎，蒙古人自古就形成了与牧猎生活相适应的服饰。

蒙古族少女

蒙古族男性服饰

蒙古人春夏秋冬四季皆穿蒙古袍。春秋穿夹袍，夏季穿单袍，冬季穿皮袍、棉袍。早期蒙古袍的颜色多为黑、蓝、灰三色，皮袍多由羊皮制成。而部分富裕的蒙古人常选用貂、海狸、猞猁等动物的皮料做袍。蒙古袍腰带多用九尺到一仗二尺左右长宽的布（绸）料制成，如此长的腰带不仅防寒，而且预防骑马时因颠簸而闪腰。

蒙古靴多由牛皮制成，靴面绣有各种装饰图案，男靴多用“盘肠”“云卷”，女靴多为“秀花”。

吉林蒙古族服饰自然也以蒙古袍、蒙古靴为主，根据部落习俗的不同以及男女、婚否状况配以长、短坎肩。蒙古袍大多采用织锦缎、丝绸、布帛为面料，蒙古靴以牛皮、棉布为面料。款式又根据自然环境、部落习俗而呈现出不同的风格，有的短而肥大，有的窄而修长，有的以素为美，有的华丽端庄。无论是服饰、佩饰，都配有精美刺绣图案装饰。

吉林蒙古族传统冠饰、佩饰相当丰富，款式多达十几种，由连垂、头带、发套、银穗子组成。

蒙古族服饰，作为我国北方游牧民族服饰中最具代表性的服饰之一，是蒙古民族形象的标志，是蒙古民族古老文化的缩影。

第五章 民族语言与教育

一、语言文字

1. 语言

蒙古语属阿尔泰语系蒙古语族，中国蒙古语主要分布在内蒙古自治区、吉林、辽宁、黑龙江、新疆、青海、河北、甘肃等地。

蒙古人及其先世劳动、生息繁衍在北方草原，使用蒙古语进行交际。根据蒙古语的演变特征，可将它分为古蒙古语、中世纪蒙古语和现代蒙古语三个阶段。

古蒙古语：自蒙古人出现至16世纪末的蒙古语称为古蒙古语。中世纪蒙

蒙古族儿童

古语：12世纪—16世纪时期的蒙古语，又称古代后期蒙古语。现代蒙古语：现代蒙古族使用的语言一般认为是17世纪以后的蒙古语，主要分布在我国内蒙古自治区、辽宁、新疆、黑龙江、吉林、青海、甘肃等地和蒙古国，操该语言的人约有800万，其中我国有500万人。

蒙古语的书面语与口语有一定差别，这些差别有一定的对应规律。构词词素在词根之后，名词后面接表示数、格和反身、人称领属等语法意义的附加成分。动词后面接表示态、体、时、式等语法意义的附加成分，形成黏着语的特点。其方言分为内蒙古方言、卫拉特方言和巴尔虎布里亚特方言。这三种方言在语音、语法、语汇等方面都有一定差别。

吉林省蒙古语主要分布在该省西北部的白城市所辖镇赉县、通榆县、洮南市、大安市和松原市前郭尔罗斯蒙古族自治县及双辽市那木斯蒙古族乡等地。

吉林省蒙古族语属内蒙古方言中的科尔沁次方言。它与临近的通辽市、兴安盟及黑龙江省杜尔伯特蒙古族自治县、肇源县的浩特、文顺等蒙古族乡的方言近似。但在语音、语汇、语法方面还存在一些差别。在语法方面，吉林省蒙古语与蒙古语书面语基本没有多大差别；在语汇方面，吉林蒙古语不仅与蒙古语书面语有些差别，而且吉林省内各地区间的蒙古语也有些差别。这些差别，主要表现在读音不同却词义相同、读音相同或相近却词义不同等方面。

2. 文字

蒙古文字始创于泰和四年（1204）。是年，成吉思汗征讨乃蛮部，俘获太阳汗的掌印官塔塔统阿。塔塔统阿精通畏兀儿文字，成吉思汗命他“教太子以畏兀儿字书国言”。从此，以畏兀儿文字母书写的古代蒙古文便成了蒙古汗国的正式文字。后来逐渐演变成现行蒙古文——胡都木蒙古文。

八思巴文印章

元代学者搠思吉斡节儿对畏兀儿体蒙古文予以整理，加以改进。大德九年（1305），他写出了《蒙

教授蒙古语文

文启蒙》一书，揭示了蒙古语的特点，制定了正字法，总结了当时蒙古书面语语法，为蒙古语规范化研究奠定了基础。

清代，喀喇沁旗语言学家阿尤喜固什制定了蒙古语音标——“阿里嘎里”字母，比较准确地标记了外来语。

至元六年（1269），忽必烈命八思巴按照梵文和藏文的形态创制蒙古新字，大多数字母与藏文相同，其体式呈方形，所以又称“蒙古方块字”；至元七年（1270）改称蒙古国字。八思巴文成为元朝官方文字，但畏兀儿体蒙古文仍在民间使用。至正二十八年（1368）以后，八思巴文渐不通用。

顺治五年（1648），蒙古和硕特部咱雅班第达创制了接近卫拉特口语的“托忒文”，意为“清晰的文字”。“托忒文”吸收了卫拉特方言，密切了书面语和口语的关系。“托忒文”使用后，记录了卫拉特部分口头文学和历史。此外，还有索永布文、瓦金德拉文、西里尔（斯拉夫）蒙古文。吉林省蒙古族使用“胡都木”蒙古文，即老蒙古文或传统蒙古文。

蒙文书法家娜仁花

娜仁花，蒙文书法家，任职于松原市职业技术学院，是国内首位女性蒙古文书法教授。现任中国硬笔书法协会会员、吉林省女书法家协会会员、吉林省蒙古语言文字公益性培训班创始人、吉林省前郭尔罗斯蒙古族自治县书法家协会副主席，蒙古文书法省级传承人。

娜仁花

自幼师从著名蒙古文书法家额尔敦布和。20世纪80年代从事《纳荷芽》杂志书写工作。

娜仁花教授在蒙古文书法界独树一帜，成绩斐然。曾出版《蒙古文书法基础知识》《蒙古文书法美学》，发表《创作蒙古族书法之我见》等论文十余篇，主持和参与课题十余项。

二、传统教育

1. 家庭教育

游牧民族在没有学校教育出现以前，主要就是靠家庭教育。吉林蒙古族历来重视家庭教育，认为家庭教育是社会教育的基础。圣母阿阑·豁阿“折箭训子”即是一例，“一支箭容易折断，五支箭绑在一起则不易折断”。在阿阑·豁阿母亲的教诲下，黄金家族的五兄弟团结在一起，创造出属于他们的历史。团结

阿阑·豁阿《折箭训子图》

就是无敌的力量，这是阿阑·豁阿圣母留给后代的榜样。蒙古民族历来都十分重视团结、合作教育。有一首蒙古族孩童耳熟能详的儿歌这样写道：

父亲教导我：
出生的土地是金子。
母亲嘱咐我：
喝的水是圣水。
父亲的教导，
母亲的嘱咐，
比金子还珍贵。
父亲教导我：
不要忘记故乡，
母亲嘱咐我：
不要让亲友伤心。
父亲的教导，
母亲的嘱咐，
比金子还珍贵。

尊敬长辈是吉林蒙古族家庭教育的重要内容之一，这方面有很多谚语："父亲是腾格尔（天），母亲是德勒黑（世界）""太阳给予光亮，父母给予生命""父亲的教诲是阿拉塔（金子），母亲的教导是额尔德尼（宝）"。蒙古人懂得，一个连自己的父母都不爱的人，很难做到爱他人、爱社会。热爱父母是培养孩子爱心的始端。

人们把这种教育渗透到日常生活中，可操作性较强。例如，蒙古族家里吃饭时，父母及长者不入席，绝不会让孩子们先入席，首席位置是父母和长者的，孩子们是没有资格坐首席位置的。另外，孩子们把第一碗饭用双手献给长者，父母动筷子之后，他们才能吃。孝子受到人们尊重，不肖子孙遭人鄙视。蒙古人认为，父母的恩情永远也报答不完，这一点，在蒙古族民歌中有很多体现。

热爱父母的教育，常常与热爱家乡的教育联系在一起。家乡是父母的故园，孩子们成长的摇篮。爱屋及乌，热爱父母就必然热爱家乡。在吉林省蒙古族聚居地，有很多这样的谚语："努图格（家乡）的土是金子，淖尔（湖）里的水是圣水。"当地蒙古人经常这样教育孩子："雄鹰飞得再高，影子也离不开大地。"东蒙民歌《云良》是家喻户晓的叙事民歌：云良姑娘远嫁到北京城后，日夜思念着父母和家乡，她唱道："转遍了北京城的四十条大街和八十条胡同，但是比不上家乡的景色美。"热爱父母与热爱家乡、热爱民族的教育是一致的。

吉林蒙古人的家庭教育是很有特色的，洁身自律是吉林蒙古人对女孩进行教育的一项重要内容，这一点也是当今蒙古女性所恪守的基本准则。蒙古人对出嫁之女的教育更具有特色，闺女的命运决定了她不可能一辈子生活在娘家，所以他们经常教导女儿要尊重公婆，处理好各方面的关系。

2. 诚信教育

突出"诚信"二字。蒙古人崇尚"说老实话，办老实事，做老实人"。"只要坚持求真务实，勒勒车也能赶上兔子"，这是蒙古人教育孩子的基本准

蒙古族家庭聚餐

则。对于一个人来讲，没有比名誉更为重要的。基于这种认识，蒙古人教育孩子时，经常讲这样一句话："宁可把身板骨弄折了，也不能把名誉弄糟了。"

蒙古人注重节俭、反对浪费。就拿吃"手扒肉"来讲，蒙古人把带肉的骨头用刀子刮了又刮，吃得干干净净，骨髓都要吸净。

三、近代教育

1. 八旗蒙古官学

清代，驻防吉林的八旗满、蒙古、汉军遍及该地区的各个角落，并建有官学。吉林的诸多八旗官学，都注重满、蒙古、汉文教学，同时也比较重视骑射教育。

雍正元年（1723）实施满汉文翻译考试，后因诸多公文需要用蒙古文翻译，于是雍正九年（1731）开始实施了蒙古文翻译考试。按清代考试条例，八旗蒙古人在参加各级翻译考试之前，首先要进行骑射考试。骑射考试合格后，才有资格参加翻译考试。因此，骑射成了八旗士子参加翻译考试的一个入门条件。

吉林各地官学收藏的图书目录中有蒙古文图书《圣谕广训》。除了八旗官学和书院，清政府还在吉林创办了一所蒙古官学，教习主要由蒙古翻译笔帖式兼做教师。到了清末，吉林的满文官学和蒙古文官学按传统设有额定的文官和武教习，并由他们向学员教习满文、蒙古文、马步骑射和枪法。宣统元年（1909）十月，东三省总督锡良组织哲里木盟十旗力量用满文、蒙古文翻译了四本汉文教科书，并拓印了两万册，分发给各学。第二年九月，锡良又组织专人续译了第五、六、七、八册，分订六本装成一函发往蒙旗各学。

光绪末年，郭尔罗斯前旗在札萨克附近设立了一所蒙小学堂，招收15名学员学习蒙汉语。之后又设立了一所小学堂，招收了40名学员，主要讲授《论语》《孟子》，学习汉语文，后来改用新颁教科书，开始学习满、蒙古、汉

大金得胜亭

三种语言文字。

光绪三十四年（1908），文祥（满族）、傅广（满族）、塔清阿（蒙古族）、翰章阿等人在纳仁珲（今松原市宁江区）共同建立“新城私立满蒙文两等小学堂”。其后，几经扩建，兼收汉族学生，延揽县内名师，教学质量得到逐步提高。1914年，随县名变动改称“扶余县私立满蒙两级小学校”（简称满蒙学校），成为吉林省内外远近闻名的一所私立学校。新中国成立后，满蒙学校改名扶余一中，今改为宁江一中。

2. 寺庙教育

16世纪后半叶，随着藏传佛教在蒙古族地区盛行，逐渐出现了寺院教育。这类教育通过寺庙培训僧职人员，通过“扎仓”（学院）培养喇嘛学者，学习、研究、翻译藏文经典的人日益增多。因而，以学习蒙古文、藏文以及医学的学塾有了新的发展。

在中华人民共和国成立前，蒙古族教育与藏传佛教关系密切，教育内

崇化禧宁寺旧貌

容主要是教经、教义。教育场所在寺庙、经院，学习者是小喇嘛。蒙古族全民信奉藏传佛教，因此教育离不开宗教，宗教离不开教育，二者密不可分。

从顺治年间起至光绪年间，郭尔罗斯前旗先后建起比赫尔、四克基、妙音寺、巴干黑德（东三家子小庙子）、阿尔山宝勒格（王府那拉街）、乎钦黑德（黑帝庙）等喇嘛寺庙；通榆县向海境内的香庙、通榆县新发乡散金庙、白城市永茂乡茂好庙（1939年迁至归流河镇胜利村）；安广、镇赉西部珲梯庙，同治八年（1869）建于今吉林省大安县陵街村，后在科尔沁右翼后旗额尔格图村重建；洮南城北的莲花图庙（葛根庙前身）。

在藏传佛教最兴盛时期，郭尔罗斯前旗仅五座寺庙就有喇嘛1 000名，而当时全旗人口不足12 000名，其中青壮年男子3 000名左右。葛根庙最盛时期曾经有过1 200名喇嘛。

蒙地寺庙的办学规模达到了一个相当程度，在佛教学院里，要讲授那些与佛教一起渗透到蒙地的古印度五大明和五小明。五大明包括语言学、因明（逻辑）、工巧明、内明（佛学）、医方明。五小明包括历算学或星相学、修辞学、辞藻学、韵律学、戏剧学。这些内容包括了哲学、宗教、科技、艺术，几乎涵盖了当时人类社会所积累的全部文明。从这个意义上讲，当时的寺庙确实承担起了科学文化教育的重任。

除了蒙古语，清代蒙地的喇嘛高僧们还要向其弟子们教授藏文和梵文。这是因为喇嘛教的经卷基本上都是藏文、梵文书写的，一个小喇嘛要想发展成为一个有声望的大喇嘛，除了掌握蒙古文，他还必须精通藏文和梵文。这是一个最基本的要求，否则不可能有大的发展，更谈不上有什么作为。蒙地寺庙也很重视医学教育，所以很多喇嘛后来成为著名的蒙医专家。

妙音寺全景

在喇嘛教的理论中，“尼古勒”（孽、恶）和“宝音”（福、善、德）是两个重要的理念。所谓“尼古勒”是指多行不义或违法乱纪所吞下的苦果；“宝音”是指布施者因诚实修善享受吉祥、安康，以及心想事成所带来的圆满结果。佛教认为人生可分为前世、今世、来世，并按这一规律循环往复进行轮回，若一个人在前世行善积德，那么他在今世将享受荣华富贵。因此，人生在世，心地善良，多行仁义，这样其灵魂会得到佛祖的保佑，将转世到幸福的天堂。反之，若一个人为非作歹，罪大恶极，死后将被打入“十八层地狱”，甚至要在来世当牛做马偿还孽债。这种观点，对人们的心灵产生了强烈的震撼，对作孽者造成了强大的心理压力，对行善者给予鼓励。由于受喇嘛教的影响，蒙古人把乐善好施、扶危济困看作一种

妙音寺喇嘛

高尚的美德。

藏传佛教认为，修德至善的目的在于成佛。所谓成佛就是成才或成就一番事业。欲成正果，必须经历艰难困苦的磨炼，同时还要经受失败的考验。这就是喇嘛教义中佛的基本要义。

3. 民国时期的教育

1930年春，在王府屯（今哈拉毛都）东修建了郭尔罗斯前旗旗立第一小学。1931年6月，校舍落成，同年8月正式开学。1932年，改称“王府两级学校”。

1933年，瓦房店（今前郭尔罗斯镇）成立一所供筑路工人子女上学的“爱路学校”。1935年，“京白线”（长白线）铁路通车后，改“爱路学校”为“郭前旗旗立小学校”。

1937年前，郭尔罗斯前旗民间的启蒙教育场所为私塾。当年有私塾教师112人，均为一师一塾，学生少者数人，多者数十人，共有学生1 879人。

1939年，根据“新学制”精神对私塾进行了整顿，对合乎要求的登记在册，改称为“国民义塾”。将旗立王府两级小学和郭前旗旗立两级小学中的初级班改名为“国民学校”，学制四年；高级班改为“国民优级学校”，学制两年，小学是六年制。

1939年以后，八郎、大老爷府、查干花、东三家子先后建立了只招收蒙古族学生的“国民学校”和“国民优级学校”。

镇赉县才立蒙古族小学始建于1912年。1902年，朝阳蒙古人陈海清17岁时随父亲经郭尔罗斯前旗北上到大赉厅才立村亲戚韩家。他们在这里租韩家10垧荒地，开荒种植。1912年，陈海清在本屯办起了第一所蒙古族学堂。他从喀喇沁请来一位叫吴云鹏的老师教授蒙汉语。

陈海清在他家的院外盖了三间校舍，当年有20多名蒙古族儿童前来上学。学校规模逐渐扩大，1916年，经大赉厅行政公署批准，才立蒙古族学堂改为“大赉厅庆乡第二国民学校”，陈海清被任命为校董。除传授蒙古语文以外，该校还开设了汉文、算术、珠算、音乐、图画、体育等课程。1919年，大赉厅行政公署决定将“庆乡国民小学”由才立搬迁到马连根

莫莫格蒙古族学校

桑。学校搬迁后，很多汉族学生也来校读书。九一八事变后，学校一度停办。1932年，陈海清的长子陈权又在才立屯恢复了以蒙古族学生为主体的“庆乡第二国民小学校”，后来发展为“大赉厅庆乡国民学校”和“国民优级学校”。

从1912年到新中国成立前夕，才立蒙古族学校培养了1 000多名蒙古族人才。自有“优级小学”以来，年年有一批学生考入齐齐哈尔东蒙师范或其他中等学校。内蒙古自治区人大常委会原主任巴图巴根、齐齐哈尔蒙旗师范和扎兰屯蒙古族师道学校原校长阿成嘎都等人，都曾在才立小学受到过良好的基础教育。新中国成立后，有几百名“才立学校”的毕业生成为人民教师和各行各业的骨干，有的成为英雄模范人物，数百人成为有关部门的领导。

才立蒙古族小学是镇赉县成立最早的蒙古族小学，接着蒙古族聚居的村屯，如西二龙梭口、大五家子、丹岱、哈吐气、蒙古梭口也相继办起了蒙古

蒙古语课堂

族小学。

《通榆县志》记载：1941—1945年，开通县在蒙古族比较集中的村屯建立蒙古族小学三所，入学儿童近200人。1941年，苞米昭屯创办了私立蒙古族小学一所，设一个复式班，学生近50人，教师为黄福亭。除了讲授汉语文课程以外，增设了蒙文课。1943年，教师辞职，学校停办。同年，七台庙村创立了官立蒙古族小学一所，青砖房校舍16间，招收了3个教学班，学生120人，教师3人，校长黄福亭。此校最高年级是国民优级二年级（高小二年级），学生毕业后可报考伪军官学校和铁路学校。办学经费和学生服装均由兴安省（今内蒙古自治区兴安盟）直接拨给。1945年，尤家窝堡村海金屯亦设一所蒙古族小学，一个教学班，学生30人。在此期间地处瞻榆县西北部的包拉温都村、向海村蒙古族集中的地方均设有私立蒙古族小学。但由于僻隅贫壤，交通不便，师资缺乏，学校简陋，蒙古族教育相当落后。

四、现当代教育

1. 起步与发展（1946—1958）

1946年4月，在中国共产党的领导下，成立了郭尔罗斯前旗人民政府，设立了文教科。4月中旬，旗政府召开第一次教师联席会，有十余名蒙古族教师参加。在会上学习了老解放区的办学经验，会后参加会议的蒙古族教师被分配到王府、大老爷府、查干花、东三家子、八郎等学校，停办的小学重新开学。

1949—1951年，全省蒙古族小学大多是蒙汉合校或合班，执行解放区统一的教学计划和教材，以汉语授课为主，开设蒙文课。在蒙古族聚居地区的小学开始招收以蒙古语授课为主、加授汉语的学生，民间称“纯蒙教学”。

1951年9月，第一次全国民族教育工作会议在北京召开，首次确定了民族教育的方针任务。少数民族教育的总方针是：少数民族教育必须是新民主主义内容，即民族的、科学的、大众的教育，并应采取适合于各民族人民发

前郭尔罗斯早期蒙中校舍

前郭尔罗斯早期蒙中外景

展和进步的民族形式。少数民族教育的任务是：应以培养少数民族干部为首要任务，以满足各民族政治、经济、文化、教育建设的需要，同时应当加强小学教育与成人业余教育，以提高少数民族的文化水平，并应努力解决少数民族各级学校的师资问题。

1952年，党和国家进行了民族政策的大检查、大教育。通过法律和政策的颁布，明确了我国少数民族语文和汉语文的关系，并使少数民族语文的使用范围史无前例地扩大了。民族语文不仅是少数民族交际的工具，而且已经成为少数民族地区政治、经济、文化发展中人际关系的一座桥梁。各民族的民族意识也空前地高涨，他们对本民族语言文字的发展和建设倾注了极高的热情。

2. 曲折与停滞（1958—1976）

1957年开始，我国在方针、政策上出现了严重的“左”倾错误，在民族问题上刮起了“民族融合风”，以为社会主义时期是少数民族语言开始走向融合、走向消亡的时期。在民族语言与汉语关系上大讲“民族文字无用论”，认为民族语言的发展可以“突变”，少数民族可以直接过渡到使用汉语文。

在这种政治形势下，镇赉县于1958年将小学蒙古语授课改为汉语授课，1960年年初将初中蒙古语授课变为汉语授课。前郭县从1960年秋季开始中小

通榆蒙古族中学分校区

学蒙古语授课变为汉语授课。1961年夏季，根据上级调整的指示，取消了前郭蒙中的师范班，师范生变为初中学生。

通榆县向海乡红旗村是20世纪60年代初期因为修洮儿河水渠，与内蒙古自治区科右中旗分隔后，为行政管理上的方便，将该村划归吉林省通榆县向海公社。全村2 000多口人都是蒙古族，都讲蒙古语，即便这样，20世纪六七十年代这里的学校完全用汉语授课，也没有开设蒙古语文课。

1961—1965年，前郭蒙中升入大专院校的人数锐减，每年只有五六名。其原因：一是高校录取人数大幅度减少。二是家庭成分是地主、富农的学生在1961—1963年的录取中受到限制，只有不足40%的毕业生才有被录取的资格。三是没有处理好蒙汉“双语”教学关系。蒙古语授课的学生在小学阶段没有学好汉语文，到初中突然改用汉语授课，致使很多学生难以适应，学习成绩下降。蒙古族聚居地区小学改用汉语授课，一入学就用他们不熟悉的语言学习，加大了学习的难度，造成一定的心理阴影，有的甚至影响其终生。

这种情况一直延续到“文化大革命”结束。从20世纪60年代后期开始，全省各中学都按学区招生，前郭蒙中和镇赉蒙中也没例外，汉生占绝大多数，没有蒙古族学生班。

3. 恢复与发展（1976—　　）

1975—1979年，吉林省蒙古语文工作有了良好的开端。1980—2005年，是吉林省蒙古族在大散居、小聚居环境下的蒙古语文教育事业发展繁荣的最好时期。这是蒙古族较聚居的前郭尔罗斯蒙古族自治县、通榆县、镇赉县、洮南市、双辽市从实际出发，蒙古族聚居区语言环境好的地方的小学用蒙古语文授课为主、加授汉语，蒙古族散居区以汉语文授课为主、加授蒙古语文的教学形式坚持始终的结果，也是八省区蒙古语文协作的结果。

（1）八省区蒙古语文工作协作四十年（1975—2015）

八省区蒙古语文工作协作会议

1974年1月9日，《国务院关于内蒙古自治区蒙古语文工作问题报告的批复》文件中指出：为了加强统一领导，可在蒙古语文工作协作会议上协商成立一个蒙古语文工作协作小组，定期交流经验，研究蒙古语文工作规划和蒙文改革问题。这个协作小组由内蒙古、黑龙江、吉林、辽宁、甘肃、宁夏、新疆、青海等省、自治区和中央有关部门派员组成，部门单位设在呼和浩特市。协作小组由内蒙古自治区革命委员会领导，中央有关部门给予指导。

1975年5月6日，在呼和浩特市召开了八省区蒙古语文工作协作会议，协商成立了八省区蒙古语文工作协作小组。同年9月25日，在呼和浩特市召开了八省区蒙古语文工作协作会议，之后吉林省与会同志向省委主管民族宣传和文教工作的领导汇报了会议精神。省委主管民族、宣传和文教工作的领导，就贯彻八省区蒙古语文工作协作会议精神作了指示。

1980年3月31日，内蒙古自治区政府以内政发［1980］80号文件，转发八省区蒙古语文工作协作小组《关于确定蒙古语基础方言、标准音和试行蒙古语音标的报告》，确定以中部方言为我国蒙古语的基础方言，以内蒙古正蓝旗为代表的察哈尔土语为标准音，以拉丁字母为基础的蒙古语音标方案开始试行。

1981年9月，八省区蒙古语文工作协作小组第三次会议协商同意，为解决吉林省小学师资问题，内蒙古哲盟民族师范学校每年从吉林省招7名学生；内蒙古各大专院校采取从内蒙古招生指标中挤占的办法，每年从吉林省招收蒙古族学生18名。

八省区蒙古语文工作协作小组及其办公室成立四十年来，认真贯彻落实党的民族政策和民族语文政策，在八省区蒙古族学习使用本民族语言文字、开发民族智力、增强民族团结、发展民族经济、繁荣民族文化等方面做出了

1985年7月16日，吉林长春召开八省区蒙古语文工作协作小组第五次会议

贡献，取得了丰硕成果。

吉林省蒙古族语文工作会议

1976年2月，吉林省蒙古语文工作领导小组成立，下设办公室，行政编制5名，负责处理领导小组的日常工作，办公地点设在通辽市。

1976年3月8日，在长春市南湖宾馆召开了全省蒙古语文工作会议，邀请八省、区蒙古语文协作小组副组长乌力吉那仁等两位同志参加了会议。会上省委常委、省革委会副主任兰干亭同志作了《进一步加强党的领导，调动一切积极因素，使蒙古语文工作更好地为抓纲治国的战略决策服务》的讲话。会后吉林省革命委员会下发文件批转《吉林省蒙古语文工作会议纪要》，推动了吉林省蒙古语文的学习使用。纪要强调四点：1. 与会同志经过认真学习讨论，进一步提高了对做好蒙古语文工作重要意义的认识。2. 会议认为，为了进一步做好蒙古语文工作，应当抓好以下几项工作：第一，要积极发展民族教育，办好蒙文蒙语教学。第二，要认真地、广泛地使用蒙古语言文字。第三，要认真贯彻国务院批转的《关于少数民族文字图书翻译出版规划座谈会的报告》，进一步搞好蒙文图书、教材的编译、出版、发行工作，提高编译质量，增加图书品种，加快出版发行进度，更好地满足广大干部、群众的需要。第四，要加强对翻译工作的领导。第五，要积极开展蒙古语文的科学研究和做好文字改革的准备工作。3. 要进一步加强蒙古语文工作队伍的建

2000年12月15日，吉林省蒙古语文学会换届暨第七届年会留念

设，建立一支又红又专的革命化的蒙古语文工作队伍。4. 要进一步加强对蒙古语文工作的领导。

全面恢复中小学蒙语文教学

1975年，随着“八省、自治区蒙古语文工作协作会”的召开，吉林省蒙古族教育逐步走向恢复和发展阶段。1980年，前郭蒙古族师范学校开始面向全省招生。前郭蒙古族师范学校的成立结束了吉林省没有蒙古族中等师范教育的历史，并成为培养全省蒙古族小学教师的基地，为吉林省蒙古族教育事业的发展做出了历史性的贡献。

1980年9月1日，前郭尔罗斯蒙古族自治县教育局下发《关于恢复和命名一批民族学校的通知》，根据党的民族政策批准恢复和命名了一批民族学校，包括查干花公社蒙古族中学在内的11所中学。

1982年，通榆县蒙古族中学成立，成为吉林省继前郭县蒙古族中学、镇赉县蒙古族中学之后的第三所蒙古族完全中学。

1983年，前郭县人民政府投资40万元，建立了吉林省蒙古族教育历史上的第一所寄宿制蒙古族幼儿园。农村的蒙古族幼儿园都附设在蒙古族小学。实行中心校办幼儿园，村小办学前班。1984年洮南县蒙古族中学正式成立，办学形式为民族联合初中。

20世纪80年代初期建立起来的蒙古族教育架构，为吉林省蒙古族教育基本体系的逐步完善做了充分的准备，为后来的自我发展与对外交流创造了稳定的基础和条件，极大地推动了吉林省蒙古族教育事业的健康快速发展，成就了今天吉林省蒙古族教育的辉煌。

蒙古语演讲比赛

20世纪80年代，前郭尔罗斯蒙古族自治县进修学校蒙语教研员深入蒙古族学校调研

吉林省蒙古族学校实行两种双语教育模式几年以后，根据聚居地区学生汉语相对弱，而散居地区学生蒙古语相对弱的实际情况，省、地、县有关部门适时提出了聚居地区学校强化汉语文教学，散居地区学校强化蒙古语文教学的方针。根据这一方针，适时调整了双语的始开年级、课时和教材。1995年9月，用蒙古语授课的学校，汉语课始开年级由小学三年级移至小学一年级。1999年9月，汉语教材由甲类教材改为乙类教材。个别散居地区学校经过试验，将蒙古语课始开年级由三年级移至一年级，蒙古语文教材由乙类改为甲类。

为使蒙古语文教学内容更加贴近蒙古族学生实际，从1993年起吉林省与辽宁省、黑龙江省协作编写了适用于东北三省蒙古族学校的教学教材，并从1996年起在全省蒙古族学校统一使用。

（2）前郭尔罗斯蒙古族师范学校

为了恢复与发展蒙古族教育，1980年5月，前郭县人民政府报请省政府批准，将原白城地区师范学校设在前郭县的师范班升格为“前郭蒙古族师范学校”。学校实行“所在地、县双重管理，以县管理为主”的管理体制。

前郭蒙师成立以后，前郭县委、县政府特别重视蒙师的建设和发展。1980年7月，前郭县委对蒙师的领导班子进行了调整，充实了蒙古族领导。任命吴金山（蒙古族）为党支部书记，王赞祥为校长，赵毓章为副校长。

1980年，学校第一次从白城地区前郭、镇赉、洮南、通榆、大安等地应届高考的蒙古族学生中招收了两年制蒙普师专业学生50名，开设蒙古语文、蒙古语法、蒙古文教法、汉文选、汉语、汉语教法、数学、数学理论、数学教法、物理、化学、生物、地理、历史、政治、教育学、心理学、音乐、美术、体育等24门课程。建校初期，学校的办学条件十分艰苦，仍借用前郭县蒙古族中学的校舍办学。

1981年，蒙普师专业招生对象改为面向应届初中毕业生，学制为四年

20世纪90年代的蒙古语文教学

制，招生指标每年45名。为尽快提高小学教师的素质和缓解当时的蒙古族小学、幼儿园师资短缺现状，蒙师受前郭县教育局的委托，从1980年开始，在前郭县民办教师和代课教师中连续3年招收两年制普通民师专业学生，共171人。1981—1985年，相继举办学制为期一年的蒙古文教师专修班、学制为半年的蒙古族幼儿园教师培训班和学制为两年的在职蒙古族小学教师培训班，共培训273名教师。

1984年9月，学校招生范围从原来的白城地区前郭、镇赉、洮南、通榆、大安等县，扩大到包括四平地区双辽县在内的全省蒙古族分布地区。

1985年，经省政府批准，前郭蒙古族师范学校的管理权限由前郭县人民政府移交给白城地区，学校更名为“白城地区前郭蒙古族师范学校”。学校的管理体制由原来的“地、县共管，以县为主”变为“省、地双重领导，以地管理为主”，享受县处级待遇。前郭蒙师的管理权限移交给白城地区后，教学行政工作由白城地区行署教育处管理，党务工作由前郭县委领导。

1990年以后，在全省蒙古族中小学中只有20%左右使用蒙古语授课，而

蒙古族学校学生课外活动

蒙古族小学课外活动——民族舞

80%左右的蒙古族中小学逐渐以汉语授课为主，加授蒙古文。以前郭县为例，截至1990年，全县蒙古族小学学生4 764名，其中用蒙古语授课的学生1 058名，占学生总数的21.8%。蒙古族中学学生613名，其中用蒙语授课的学生187名，占学生总数的30.5%。另外，从1990年开始考入蒙普师和蒙幼师专业学生中从小学到初中毕业用蒙语学习的学生只占30%，而60%以上学生是加授蒙文的学生。还有10%左右从大安等地来的蒙古族学生基本没有学过蒙古文。蒙古族学校的这种授课语

蒙古族学校学生参加社会实践活动

言的变化，对蒙师的培养目标、授课语言、教学形式等方面产生了很大的影响。

1996年，经省政府批准，白城地区安广师范学校并入松原师范学校。1998年，吉林省中等师范学校招生并轨，取消了统招分配政策。1999年，蒙普师和蒙幼师招生指标各50人，而报考总人数只有50人，最后蒙普师招了30人，蒙幼师招了20人。从此蒙师的生源和招生走入困境。

2000年5月，省政府根据国家教育部下发的《关于师范院校布局调整的几点意见》，对全省中等师范学校进行了大调整。在此次调整中，前郭蒙师、松原师范与松原市教育学院合并，组建了“四平师范学院、前郭蒙古族师范分院、四平师范学院松原分院”。从此，学校挂靠四平师范学院从四年制的中等师范学校升格为五年制的专科学校。

2005年，经省政府批准，吉林师范大学松原分院与吉林油田职工大学、松原农村成人高等专科学校三所学校合并组建松原职业技术学院。

吉林师范大学松原分院合并到松原职业技术学院以后，前郭蒙古族师范分院历经前郭师范学校——白城地区前郭蒙古族师范学校——松原市前郭蒙古族师范学校——四平师范大学前郭蒙古族师范分院——吉林师范大学前郭蒙古族师范分院等历史沿革，结束了它为吉林省蒙古族中小学和幼儿园培养师资的历史使命。

（3）吉林省蒙古族中小学教育现状

吉林省现有蒙古族17万人，主要分布在松原市前郭尔罗斯蒙古族自治县，白城市通榆县、镇赉县、洮南市、洮北区，大安市和双辽市。其居住特点是大散居、小聚居。全省有蒙古族学校66所（多为蒙汉合校），其中幼儿园1所，小学47所，初中12所，全日制中学3所，九年一贯制学校4所。在蒙古族学生中以蒙语授课为主，加授汉语文（双语授课）的学生600多人，以汉语授课为主，加授蒙语文的学生4 000多人。全省蒙古族学校教师3 000多人，其中蒙古族教师1 200多名，从事蒙语文教学的教师170多人。

吉林省蒙古族学校

前郭县蒙古族幼儿园
前郭县蒙古族实验小学
前郭尔罗斯蒙古族中学
前郭县查干花蒙古族小学
前郭县查干花蒙古族中学
前郭县东三家子乡蒙古族中学
镇赉县蒙古族中学
镇赉县莫莫格蒙古族乡学校
镇赉县哈吐气蒙古族乡学校
通榆县蒙古族学校
通榆县包拉温都蒙古族学校
通榆县向海蒙古族学校
通榆县四井子学校
双辽市蒙古族学校

五、前郭尔罗斯蒙古族自治县的民族教育

前郭县是吉林省唯一的蒙古族自治县，全县共有各级各类学校177所，其中蒙古族学校43所。

蒙语文教学分为两种授课形式，即“以蒙语授课为主、加授汉语文”（双语授课班）和“以汉语授课为主、加授蒙语文”（加授蒙文班）的形式。查干花镇、乌兰傲都乡、东三家子乡和乌兰图嘎镇的8所小学，查干花蒙古族中学和前郭蒙中部分学生蒙汉双语授课；其他乡镇的33所学校开设加授蒙语课。

查干花小学蒙古语文教研特色课堂

为抓好民族教育，前郭县民族教育工作者坚持把做好民族教育教学工作当作一种责任和义务。把每年的3月份确定为“前郭县民族学校民族政策、法规宣传月”，要求各民族学校学习《国务院关于深化改革加快发展民族教育的决定》《吉林省少数民族教育条例》《前郭尔罗斯蒙古族自治县自治条例》《前郭尔罗斯蒙古族自治县蒙古语言文字工作条例》《前郭尔罗斯蒙古族自治县民族教育条例》等法律法规。同时还通过开家长会、发放宣传单等形式向群众宣传民族政策和少数民族的优惠政策。

近几年，前郭县从内蒙古民族大学等院校的优秀应届毕业生中招录了70名蒙古语文教师，通过特岗计划招聘了14名蒙古语文教师，补充到民语教师队伍，缓解了民族教育发展和人才短缺的矛盾。

为了切实加强民族教育的管理力度，由教育局一名蒙古族副局长主管全县民族教育工作，设置民族教育科，负责全县民族教育的规划、管理和评估工作。县教师进修学校配备了主管蒙古语教学工作的副校长，设置民族教研部，负责全县民族中小学民语教学研究和指导工作。“双语”授课学校校长由蒙古族同志担任，其他民族学校均配备了分管民族教育教学工作的蒙古族副校长、教导主任。为了切实提高干部队伍的整体素质，教育局把民族中小学

前郭尔罗斯蒙古族中学正门

计算机课程进入蒙古族小学

校长和校级后备干部的培养工作纳入党委重要议事日程，制定了校长培训规划，建立了后备干部人才库，定期培训，跟踪考察。

近十年来，采取公开考试、党委考核的方式，先后把40名思想政治素质高、热心于民族教育事业、业务能力强的蒙古族后备干部提拔到正、副校级领导岗位，加强了民语教学管理队伍。分批组织蒙古族学校领导和教师1 200多人次，先后到北京、内蒙古、延边等地培训、学习先进的民族教育教学理念和方法。组织教师多次参加全国八省区蒙古语文协作领导小组以及东北三省组织的蒙、汉双语教学研讨会、经验交流会，丰富了教师的经验，拓宽了教师的视野，提升了蒙语学科教师队伍整体素质。

前郭县非常重视少数民族优秀传统文化艺术的传承和发展。全县32所中小学开设马头琴、四弦琴艺术教学课程，有35名马头琴专任教师。目前，全县民族中小学校学习马头琴、四弦琴的学生已发展到3 200人。2012年7月，在第二届全国民族自治县（旗）科学发展经验交流会期间，组织了千人

四弦琴特色课

马头琴特色课

马头琴、千人安代舞及四弦琴表演，充分展示了民族教育成果，得到与会领导的一致好评。

六、吉林省蒙古语文教研室

吉林省蒙古语文教研室隶属于吉林省教育学院民族教育学院教研部，成立于1983年3月。三十多年来，蒙古语文教研室与各市（州）县教研部门密切合作，有效开展了许多学科教研活动，完善了双语教学的评价体系，稳步推进了民族学校的课程改革与发展。

教研室出版的教材

教研室同志深入基层学校调研

1989—2001年，先后组织进行了两轮教改实验，实验成果被推广至全省蒙古族中小学。先后组织开展了“全省蒙古族中小学蒙古语文教学研讨暨教师培训会”“全省蒙古族中小学汉语教学研讨暨教师培训会”“蒙古族中小学教学新秀展示课活动”“全省民族中小学名师评选活动”。为全省蒙古族中小学课堂教学质量的提高做出了贡献。

结合吉林省民族中小学教育教学实际，组织举办了“国培计划：农村中小学骨干教师培训项目”“吉林省蒙古族小学双语骨干教师培训班”“省培计划:吉林省教育学院民族中小学双语授课教师培训项目”等13个项目，参培人数达1 000人。为促进吉林省双语教师的专业发展做出了积极贡献。

近几年来，教研室承担了省教育厅和省教育科学规划课题3项。在核心期刊发表了多篇论文，出版著作3部。

第六章 文学艺术

一、民间文学

民间文学艺术地再现着一定历史时期各民族的生活、习俗及宗教信仰。丰富多彩的民族社会风貌在民间文学中得到栩栩如生的反映。

1. 改革开放以来的民间文学

改革开放初期，吉林蒙古族民间文学呈现出日益繁荣的景象。1979年4月，前郭县文联编辑出版了《前郭尔罗斯民间文艺资料丛书》。之后，在7年的时间里，他们相继推出了《草原的歌》《蒙古族婚礼歌》《蒙古族谚语》《龙海》《蒙古族民间故事集》《东蒙风俗》《陶克陶胡》《蒙古族四弦琴演奏家·苏玛》等9本蒙古族民间文艺资料丛书。这期间，苏赫巴鲁搜集整理了几十篇民间故事和传说，其中《日蚀与月蚀》选入《中国少数民族神话故事选》；《臂上的猎鹰》等3篇选入《历代帝王传说》；《追马的故事》等6篇选入《历代帝王传奇》；《那日伦花向太阳》等3首选入《中国民歌》；《彩虹与蘑菇圈》等3篇选入《民俗趣话》；《蒙古族婚礼歌》选入《中国新文艺大系·民间文学专辑》。

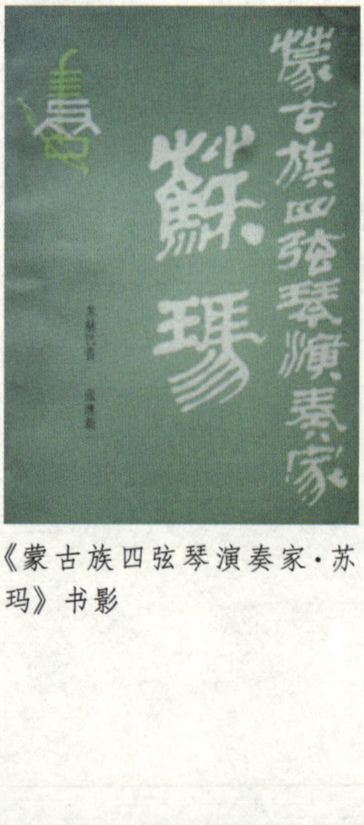

《蒙古族四弦琴演奏家·苏玛》书影

《蒙古族婚礼歌》书影

1987年6月，在苏赫巴鲁、王迅等人的主持下，前郭尔罗斯掀起了有史以来最大规模的蒙古族民间文学、民间文艺的采风和编辑工作。经过10个月的努力，《吉林省民间文学集成·前郭尔罗斯卷》33篇约10万字入选《中国民间文学集成·吉林省卷》。1993年3月，由孟和伯拉、宝音楚古拉、阿尔斯楞整理编辑的《吉林蒙古族民歌》（蒙古文）由内蒙古少年儿童出版社出版。

与此同时，吉林省蒙古族民间文艺理论研究也取得了一定成果。1983年，苏赫巴鲁的《蒙古古乐考》，对古代马背音乐的起源；对蒙古民间乐器的种类，包括膜鸣乐器（敲击类）的“横格勒克”（鼓腔体），鸣体乐器（碰击类）的“萨甫哈”（筷体）、盅碗马铃（摇击体），弦鸣乐器（拨弹类）的三弦、擦弦类的四胡和马头琴等源流及演变过程；对蒙古器乐的音域、音准、音量、声谱、发音灵敏度、音准稳定度专业知识；对雅托噶（蒙古筝）、弦子、楼巴（横笛）、扬琴、箫笛、潮尔（合唱）等都进行了广泛的涉猎与探索，进行了卓有成效的研究与论述。1984年6月，苏赫巴鲁的《东蒙民歌浅谈》在全国音乐学会第三届年会上发表，该文对东蒙民歌的起源与流传、分类及文学特点、表现手法、曲调特点都进行了有益的探索和精彩的论述，奠定了东蒙民歌的文学价值、音学价值、史学价值、民俗价值、社会学价值的理论基础。

苏赫巴鲁的《东蒙民间文化》，对神话传说、英雄史诗、民歌、祝赞词、谚语、民间故事、说书、好来宝、民间歌舞、民间器乐、民间美术等一一涉及，其中把东蒙民歌归纳为“图林道”和“育林道”两大类。图林道（雅乐）又分为玛克塔林道（赞歌，如《折箭同义》《英雄陶克陶》《嘎达梅林》《粘糜子》《赞马》等）和好日民道（婚礼歌，如《蒙古族婚礼歌》《郭尔罗斯婚礼词》）两大类。育林道（俗乐）又分为依那嘎道（情歌，也包括思乡曲）、耿西乐道（摇篮曲或哼哼调）、聂勒音道（宴歌，也包括竞技曲）三大类。按曲调分类或按音乐分类，又分为乌日图道（长调）和宝古音道（短调）两大类。对蒙古族谚语，苏赫巴鲁归结为教育、劝勉类，进步、修养类，聪

苏赫巴鲁

苏赫巴鲁作品——《成吉思汗传说》书影

苏赫巴鲁作品——《成吉思汗的故事》书影

苏赫巴鲁作品——《大漠神雕》（蒙古文）书影

苏赫巴鲁作品——《大漠神雕》书影

明、智慧类，品质、道德类，团结、互助类，警惕、暴露类，奸邪、愚蠢类，行业、专长类，勤俭、生产类及蒙古族韵文三韵法：头韵、腰韵、尾韵。对东蒙民间故事，苏赫巴鲁归结为人物故事、风物传说、传统故事、动物故事、寓言故事、巴拉根仓故事等几类；按内容又分为战胜邪恶、传颂美德、传颂智慧三大类。

蒙古族英雄史诗，民间俗称“镇压蟒古斯的故事”或“平妖传”。“蟒古斯”是蒙古语，译作“魔鬼”“魔怪”。英雄史诗通常由职业的“潮尔沁”（操马头琴演唱的艺人）或“胡尔沁”（操四弦琴演唱的艺人）演唱。

2. 英雄史诗《阿勇干·散迪尔》《迅雷·森德尔》

蒙古族的英雄史诗，依附于音乐和演唱而存在。吉林蒙古族的说唱曲艺属于“胡尔沁”派系。民间流传最典型的英雄史诗是《阿勇干·散迪尔》和《迅雷·森德尔》。这两部史诗属于阿尔泰各民族叙事文学的传统形式，以婚姻和征战为情节贯穿全文，流传较广，影响较大。阿尔泰各民族许多英雄史诗的主人公即英雄人物，其名前都加有一种受人尊重的称号。如英雄散迪尔征服蟒古斯救出公主的英雄故事中，英雄散迪尔的名前就冠有“阿勇干”一词，有“迅雷”之意，又写作“迅雷·散迪尔”。

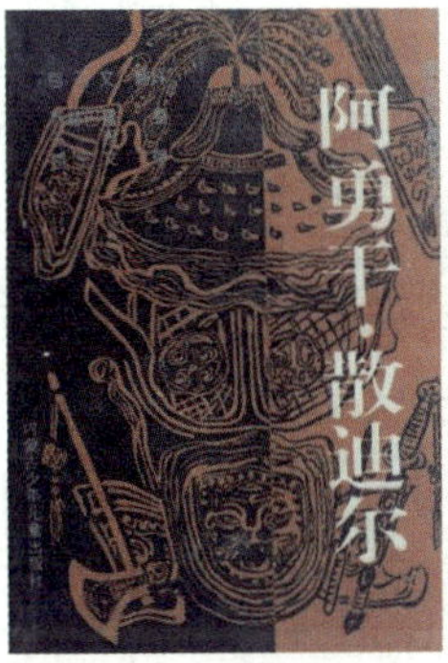

《阿勇干·散迪尔》书影

《迅雷·森德尔》书影

研究这两部史诗，我们可以看到“宗教的印记，风俗的画卷”。私有制产生之后，社会上阶级分化，蒙古族中出现了萨满适应的特殊文化。人间有了等级，神也有了高低好坏。蒙古族的萨满祈祷词说：“上有九十九尊天神，下有七十七尊地母。”萨满把宇宙分为三界，上层为天堂，诸神所居；中界为地层，人类所居；地狱为下界，恶魔所居。这样就出现了以英雄史诗为内容，以“潮尔”为伴奏乐器说唱“乌力格尔”的艺术形式。

1929年冬，著名的“胡尔沁”巴力吉尼玛在郭尔罗斯前旗东部的朱日沁、四喜窝堡（今左家围子）一带说唱“乌力格尔”。18岁的蒙古族农民白·色日布扎木萨，拜巴力吉尼玛为师，跟他开始学艺。白·色日布扎木萨虽斗字不识，但聪明过人，又口齿伶俐，为人诚恳，很受恩师的喜欢。不到3个月的时间，他就学会了《阿勇干·散迪尔》，不久又学会了演奏四胡，进而开始说唱蒙古琴书。1932年，全家搬到郭尔罗斯的王府屯（今前郭县哈拉毛都镇），与青宝、白音仓布等艺人相识。1963年，在哈拉毛都镇的前蒙屯安家落户。1979年11月，前郭县文化馆、草原文化馆组成民间文学采风队在哈拉毛都后蒙采访时，采录下了白·色日布扎木萨演唱的《阿勇干·散迪尔》。

说唱“乌力格尔”

英雄史诗以镇服蟒古斯为内容，以“潮尔”为伴奏乐器的“乌力格尔”说书，称“潮尔沁派”；以汉族古典演义和曲目为内容，以“胡尔”为伴奏乐器的“乌力格尔”说书，称“胡尔沁派”。这两派在几百年的自由发展中，前者逐渐衰弱下去，后者渐渐繁荣起来。民国年间，“潮尔沁派”已近绝迹，说唱英雄史诗的艺人，逐渐改为四胡伴奏，这促使“胡尔沁派”到了鼎盛时期。《阿勇干·散迪尔》和《迅雷·森德尔》这两部史诗备受流传，在东蒙的英雄史诗《格斯尔》的影响下，属郭尔罗斯“胡尔沁派”传承的著名史诗。

《迅雷·森德尔》这部古老而又神奇的蒙古族史诗结构严谨，构思巧妙，故事情节生动感人，人物形象栩栩如生。《阿勇干·散迪尔》是以镇服蟒古斯的战争和抢婚为主要内容的长篇英雄史诗，共28章13万多字。1994年，由白·色日布扎木萨演唱，王迅、特格巴根、郭秋良、苏伦巴根搜集，包玉文翻译，苏赫巴鲁、王迅、包玉文整理的《阿勇干·散迪尔》正式出版。至此，这部蒙古族的英雄史诗在郭尔罗斯前旗发现，并被保留了下来。

二、创作文学

中华人民共和国成立后，蒙古族作家仁钦扎木苏创作的以吉林蒙古族生活为背景的系列小说《夜探王爷府》《黎明烽火》《喇嘛庙的秘密》《烽火中的恋曲》等揭开了吉林蒙古族文学创作的序幕。

蒙古族作家苏赫巴鲁以长篇传记小说《大漠神雕》为代表的13种形式的“成吉思汗文学系列”，续写着吉林蒙古族文学新的篇章。蒙古族剧作家超克图纳仁的戏剧创作，在国内产生了深远的影响。之后，一批蒙古族文学创作、文学评论、文学翻译的有志之士，辛勤耕耘在吉林蒙古族文学这片沃土上。

1. 苏赫巴鲁的文学创作

苏赫巴鲁，1938年生人，额鲁特氏，祖籍辽宁喀佐。一级作家，曾任吉

蒙古族作家——苏赫巴鲁

林省松原市政协副主席，省政协第五、六、七、八届常委，省文联副主席，现任吉林省作家协会副主席、中国蒙古文学学会名誉副理事长、中国作家协会会员。先后出版专著38部，长篇传记小说《大漠神雕》为代表的成吉思汗题材系列10种，还有电影《成吉思汗》、话剧《少年铁木真》，与日本合作的大型文献片《世界征服王传说》被誉为“十三圣敖包”。另有长篇传记小说《漠南神笔——古拉兰萨传》《宫廷情猎》《大野芳菲——丹麦探险家与蒙古王女》《苏赫巴鲁诗选》《蒙古族婚礼歌》《蒙古族风俗志》《蒙古古乐考》、长诗《嘎达梅林》《草原风暴三部曲》《牧人歌手唱达兰》、长篇传记《陶克陶胡传》《一代神弓·哈萨尔王传》，及散文集《蒙古行》。

《大漠神雕》获吉林省第四届“长白山文艺奖”、第二届“东北文学奖”、世界首届游牧民族作家大会“成吉思汗虎头令牌”国际唯一特别奖；《蒙古族婚礼歌》获全国第二届民间文学奖；《成吉思汗传说》获中国北方片民间文学一等奖；《太阳的女儿》获全国第一届少数民族文学评奖一等奖。苏赫巴鲁曾获“世纪艺术金奖”“千年之交荣誉勋章”等多种荣誉称号。

1992年，苏赫巴鲁以成吉思汗为基础，以史诗般的文字风格，完成了40万字一卷本的《大漠神雕》。台湾蒙古史学者、著名评论家张中复先生评论：“出生在内蒙古喀喇沁左旗的当代蒙古族作家苏赫巴鲁，透过对这位先人的描述，以类似《蒙古秘史》的优美的韵文笔调，再度让我们看到在黄沙白雪的炼砺下，草原游牧生活的质朴，以及蒙古民族的坚毅彪悍。全书没有繁杂史实所堆砌出的压迫感，但对于这位蒙古族旷世奇才的一生，却勾勒出十分明显清晰的轮廓。事实上，也只有蒙古人的血液中，才能够酝酿出这份古今合一的情怀。因为这不仅是对先祖的崇敬，同时也是民族史诗的再发。”

1993年7月，苏赫巴鲁应邀参加在蒙古国举行的首届“世界游牧民族作家大会”。7月2日上午，来自欧亚两大陆7个国家的30多名作家聚集在肯特

苏赫巴鲁在蒙古国获奖

省德力格尔罕苏木，颁奖仪式与蒙古国举办的那达慕大会同时举行。当大会执行主席僧·额尔德尼将一枚“成吉思汗虎头令牌”悬挂在苏赫巴鲁胸前，并托举着十万图格里克（蒙古币）宣布“世界游牧作家大会评选出的唯一大奖将由中国蒙古族作家苏赫巴鲁先生获得”时，全场爆发出雷鸣般的掌声……

1993—2005年，是苏赫巴鲁创作的顶峰时期，十年间相继出版了长篇传记小说《漠南神笔·古拉兰萨传》《宫廷情猎》《大野芳菲》《陶克陶胡传》《哈萨尔大王传》等18部专著。期间，台湾知书房出版社将重推出他的顶尖之作《铁木真》《成吉思汗》。1996年8月，与日本NTV电视台合作的大型文献专题片《世界征服王传说》，同年9月在日本播出。

苏赫巴鲁创作生涯47年，出版43部专著，创作逾千万字的作品，有小说、诗歌、歌曲、散文、传记、歌剧、话剧、好来宝剧、英雄史诗、民歌、故事、谚语、论文、民俗等14种之多的文本形式。

2. 超克图纳仁的戏剧创作

超克图纳仁，1925年出生在郭尔罗斯前旗王府屯（今前郭尔罗斯蒙古族自治县哈拉毛都镇）。乌梁海氏，简姓为吴。1941年曾在北京汇文中学读书。1946年在家乡参加革命。1947年在内蒙古文工团当演员和创作员。1956年加入中国作家协会和中国戏剧家协会。1958年任《草原》文学月刊副主编。1960年入内蒙古大学文艺研究班学习，同年参加全国第三次文代会，被选为中国戏剧家协会理事。

1952—1958年，超克图纳仁曾在锡林郭勒盟“安家落户”，体验生活。他曾担任过区团委书记、牧业合作社党支部委员、公社党委副书记等职，从而积累了创作素材。这一时期，他写了三部多幕话剧：《巴音敖拉之歌》《金

超克图纳仁

鹰》《严峻的岁月》。

超克图纳仁的早期剧本作品独幕话剧《我们都是哨兵》，曾参加全国话剧会演，荣获1956年话剧创作三等奖，还有《丁思玛》《长翅膀的心》《草原即景》《进行曲》《人民的使者》《黄羊滩》《铜钱锁》《农村即景》《戈尔丹大叔》等十余部小戏。此外，还有与他人合作的电影文学剧本《向东方》。1963年日本上演了超克图纳仁的独幕话剧《戈尔丹大叔》。

1978年以后，他创作发表了3场话剧《红霞万朵》和独幕话剧《飞雪迎春》。1980—1981年他与苏赫巴鲁合作，创作了大型音乐话剧《嘎达梅林》。1983—1984年与苏赫巴鲁、琴子合作，创作了电影文学剧本《成吉思汗》。1985年由内蒙古电影制片厂、北京青年电影制片厂联合摄制，在国内外发行。剧本在《当代电影》《北国影剧》分别发表之后，荣获1987年内蒙古自治区第二届“萨日纳”文艺创作一等奖，并选入《内蒙古电影剧本选》，由内蒙古人民出版社出版。

1984年，中国戏剧出版社出版了《超克图纳仁剧作选》。1986年，内蒙古人民出版社出版了《超克图纳仁剧本选》。超克图纳仁近年与琴子合写的9

《超克图纳仁剧作选》书影

《金鹰》剧照

集电视连续剧《瀚海风云路》由中央电视台播出，与琴子合著的长篇小说《天骄轶事》于1999年1月由内蒙古教育出版社出版发行。

3. 包广林与《博斋琐笔》

包广林，1940年6月出生于郭尔罗斯前旗深井子努图克。1964年毕业于东北师大中文系，回母校前郭蒙中任教。1980年任前郭蒙中校长。1984年晋为县文体局局长、教委主任；县委常委、县委办公室主任；扶余市委副书记、松原市广播电视新闻出版局局长。1995年当选为前郭县人大常委会主任直至退休。曾兼职吉林省西部区蒙古文学学会副理事长、吉林省作家协会会员、松原市作家协会名誉主席。1990年由吉林人民出版社出版《陶克涛胡》，并获第三届“长白山文艺奖”。2001年出版散文集《博斋琐笔》。

包广林

《博斋琐笔》书影

包广林先生发表的《温存的妻子》《妻子的目光》《三看天气预报》《女儿的心愿》《教授的嫂嫂》《路遇》《楼梯上的小女孩》《谷长春印象记》《秋霜难掩苍松翠》《玛乃巴格希》《文坛师表》等文章，是一组提升锻造生命质量，展示精妙悟性的美文。

乌日娜——著名电影表演艺术家

乌日娜，1931年12月出生于吉林省镇赉县岔台乡少力村。受其父亲的音乐熏陶，得到良好的家庭教育。她自幼爱唱歌，爱跳舞，喜好民间艺术，为她后来从事文艺工作奠定了坚实的基础。1948年，内蒙古军政大学毕业后，分配到内蒙古文工团工作。曾主演电影《草原上的人们》。

第七章

蒙医蒙药

一、吉林蒙医药历史及现状

1. 吉林蒙医药溯源

（1）最早的蒙古族医生

蒙古族医药的萌芽最早出现在蒙古族所信仰的原始宗教——萨满教活动中。萨满教除了祭祀天地、祖宗神灵，占卜吉凶等活动外，也包括用原始、简单的方法，为草原上的人们医治疾病。在草原上相传最早的“四始”之说中，就有“患者之始，始于婴幼儿”“医生之始，始于伊都干”，就是说最早的病患是刚出生的婴幼儿，最早出现的医生，是从事接生的“伊都干”。

妙音寺外景

蒙医学文献资料

在人类生育过程的早期，逐渐形成由“伊都干”们实施专业接生，使延续人类的婴儿能平安地降生到人间。所以，母系社会的主宰者——女人们，是最早接触婴幼儿疾病的人，在蒙古人的妇幼保健卫生方面起到了重要作用。

在社会发展中，“伊都干”成了萨满教中的神祇，“伊都干”在行术、祭告天地神的同时，也采取一些人们在日常活动中积累的能够缓解疼痛、缓解凉热寒暑疾苦的积极性手段，为病痛的患儿揉揉肚子，按摩一下头部、颈部，或者给婴儿喝口热水，或用烧热的石头为婴儿熨烫痛处等最朴素的办法来缓解患儿的疼痛。同时，这些办法也实施在成人患者身上。这就是最早、最原始的医疗者，也是接生者，在从事着简单的疾病治疗，并逐渐演变为助产的“吾都干”、行医的“额姆奇”、施术的“道姆奇”，三者并存，延续至今。

（2）蒙古族医药的萌芽

在漫长的历史进程中，蒙古族先民们积累和创造了很多适应草原上的自然条件和生产方式的朴素医疗办法，为蒙医、蒙药的形成打下了一定的基础。同时，通过长期生活的实践，也懂得并积累了一些植物、动物的医药性能，并开始采集这些植物，利用一些畜兽动物的器官，简单地用在医疗上。例如，人们在采集野菜、野果时，发现吃了某些野菜、野果会引起吐、泻、疼痛，甚至发生死亡的危险；而吃了另一些野菜、野果或野草，就有解毒、镇痛、消肿等治疗作用。发生刀伤、砍伤、砸伤的伤口，人们发现拾取草原

蒙医草药——黄精

蒙医草药——大叶龙胆

上的一种地锦草，取其汁液涂在伤口上，就能起到止血愈合的作用；有人腹泻疼痛难忍的时候，将白头翁草汁咽下，即能止疼止泻。同时，人们也发现某些病人通过在河水中浸泡，在温泉水中洗浴，在某些泥沙中裹敷也能缓解发热、发冷、疼痛及一些皮肤性病患的状况。

在生活实践中，知道了一些动物的器官也能治疗人的疾病，并能收到良好的医疗效果。如用鹅血治疗半身不遂中风病；用煮烂的羊头肉可治疗头痛病，用野狼的舌头可以治疗口腔溃疡；用狐狸的肺能治疗人的肺病；用狼的胃能治疗人的胃病等等。同时，人们通过观察驯养的反刍动物发现了给人治疗疾病的办法。也有人将牛羊因误吃草乌而突然死去知其有剧毒，就取其根茎，煎其汁涂在箭镞上，用于射猎野兽等生产上。总之，人们在生活实践中掌握了很多植物、动物、矿物的药用性能，促进了蒙药的发展。

（3）蒙古族医生的初步分工

在长期的社会实践中，草原上萨满教的“伊都干”们开始形成了初步分工：被称为“吾都干”的是单独一种助产接生的人；被称为“道姆奇”的人是只掌握了一种或几种医术疗法或只能用偏方来治病的人；而被称为“额姆奇”的“伊都干”，形成了专门行医看病的“专职”医生。这三种“伊都干”都是草原上从萨满教的神祇中逐渐分离出来的最早的蒙医医生。

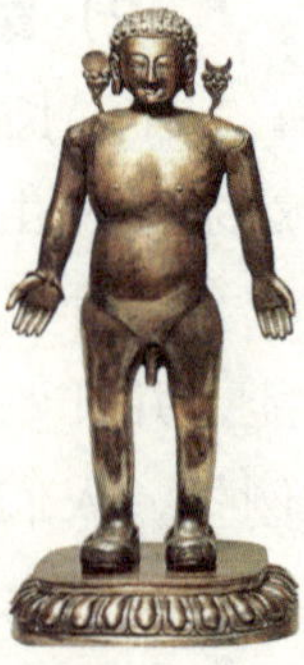

蒙医铜人像

（4）清代前吉林蒙古族医药概略

在吉林蒙古族地区，蒙古族迁入的同时，也带来了萨满教的信仰和蒙古族人的原始医疗术，古老的原始医疗术在这里被延续使用。

这里的蒙古人凭着在草原上游牧生活经验的积累，也和北方其他游牧地区的草原蒙古人一样，更加相信萌芽中的蒙医术和蒙医术中所掌握的草原上动物、植物以及矿物质的药用性能。蒙古博为广大蒙古族患者治疗疾病时，仍然没有离开萨满教的行博术，或以神博为主。但同时，神博们为了治好患者的疾病，凭着蒙古族草原游牧生活的经历、经验，也经常使用热敷、冷敷、泥疗、火烤、放血、火灸等疗术以及运用植物、动物、矿物等药物，用这些简单、原始的手段为患者祛病。

蒙医药的初始阶段，在吉林省蒙古族地区经历了几百年的历史，直到17世纪中叶藏传佛教传入本地区以后，蒙医药才得以系统地完善和发展。

（5）藏传佛教的传入和吉林蒙古族医药的形成

吉林蒙古族地区蒙医药形成于藏传佛教传入本地区以后。万历六年（1578），藏传佛教格鲁派领袖索南嘉措活佛（三世达赖喇嘛），应蒙古右翼土默特部首领阿拉坦汗之邀来到青海传弘佛教。从此，蒙古右翼土默特、鄂尔多斯、喀喇沁诸部三万户民众，在阿拉坦汗率领下悉数皈依了佛教，这是藏传佛教自元朝初年忽必烈时期后第二次传入蒙古高原。

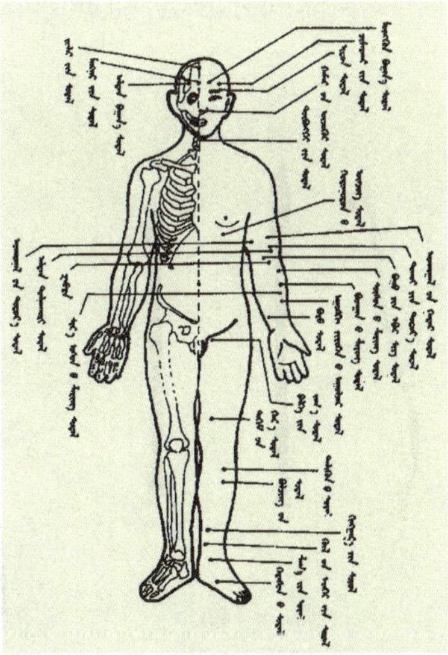
蒙医穴位图

自索南嘉措以后，有很多来自西藏地区的喇嘛开始在青海、甘肃、内蒙古等地传播佛教，经过呼和浩特的大召、小召、席勒图召一路由西向东传播佛法并建立寺院。

天聪四年（1630），蒙古东部的察哈尔、扎鲁特、科尔沁、扎赉特、郭尔罗斯等部落也都有来自西藏的喇嘛高僧在传经布道。此后，在吉林蒙古族地区相继建起了多座寺庙。随着藏传佛教的传入，喇嘛们将西藏地区的藏医藏药传入蒙古地区，并逐渐与蒙古地区传统的医疗术相结合，渐渐形成了新的、具有蒙古民族特色的医药医疗体系——蒙古族医药学，蒙医药进入成熟期。

在蒙古高原上，一些大型藏传佛教的寺院中，除设有佛教的显宗经院、密宗经院、时轮经院以外，几乎都设有医明经院，这些医明经院就是专门培养藏医、蒙医喇嘛的地方。这些喇嘛医生一边修持佛法，一边医治疾病，一些活佛喇嘛甚至就是著名的精通医疗术的蒙古族医生。

2. 草原“曼巴”行医治病

清代至民国初期，吉林蒙古族地区蒙医主要从事者是来自佛教寺院的喇嘛们。随着喇嘛寺庙在吉林蒙古族地区相继建起，一些精通蒙医药的喇嘛来到这里，他们一边传播佛法，一边用所学的蒙医术为草原上的人们医治疾病。

妙因寺是吉林郭尔罗斯前旗唯一有活佛的喇嘛寺庙，历任活佛都是清朝理藩院选定的参加京师给皇帝念《吉祥经》的六十呼图克图“洞礼经”值班的高僧。在妙因寺历史上的六位转世活佛中，有四位是通晓蒙医、蒙药的高僧，经常为草原上的蒙古王公和广大农牧民医治各种病患。

（1）沙布隆云旦扎木苏开创了郭尔罗斯草原蒙医药先河

吉林郭尔罗斯前旗妙因寺第一位活佛是沙布隆云旦扎木苏，他出生在蒙古贵族家庭，自幼在科尔沁右翼中旗的巴颜和硕庙出家，其师父是内蒙古漠南草原著名的三世内齐托因活佛。云旦扎木苏活佛精通蒙古语和藏语，在多年修行佛教显宗、密宗的同时，还跟藏医喇嘛学习藏医药的《四部医典》，在此基础上，他还通晓蒙医蒙药。云旦扎木苏活佛也

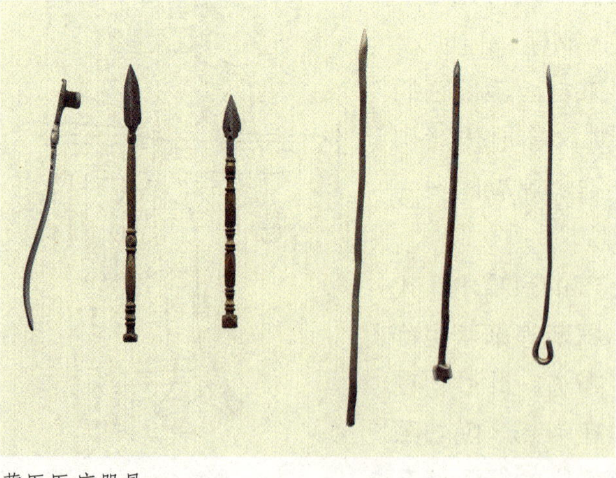
蒙医医疗器具

蒙医诊包

和蒙古高原上其他藏传佛教的活佛一样，广为草原上蒙古族佛教信众医治病患，把减少病人痛苦视为一种广施善行、救助众生脱离苦海的慈悲善念。

乾隆二十一年（1756），受当时郭尔罗斯前旗札萨克一等台吉阿喇布坦的迎请，云旦扎木苏带着自己的徒弟来到妙因寺坐床，住持妙因寺，在这里传弘佛法，广结善缘。他一边弘扬佛法，一边为郭尔罗斯草原上的人们医治病患，施展其精湛的蒙医术，为这里的蒙古族信众的身心健康带来了福音。由于当时佛教传入草原不久，蒙古族民众以前长期信仰萨满教的缘故，广大蒙古族民众还是有病不求医，仍然依赖萨满教博请神治病、驱鬼除邪、祷告上天神灵或祖宗保佑来消除病患。在当时的一些萨满教博中，也有少数人掌握了简单的医药偏方或民间流传的单一医疗技术在为人们治病。云旦扎木苏活佛的到来，开创了郭尔罗斯草原上使用蒙医、蒙药的先河。

在妙因寺历世活佛转世活佛中，四世活佛玛尼扎布、六世活佛宝音达赖也都通晓蒙医、蒙药，一直在用蒙医、蒙药为郭尔罗斯前旗的蒙古族民众医治病患，并留下了很多关于蒙医喇嘛治病救人的传说故事。

（2）内外科兼治的四克基二喇嘛

在清朝末年，郭尔罗斯草原上比较著名的蒙医喇嘛是四克基二佛爷。四克基二佛爷出生于郭尔罗斯前旗西部大老爷府努图克的大官营子村，俗姓包，名叫包舍布格，光绪八年（1882）出生。他自幼出家当喇嘛，年轻时曾经去西藏大昭寺、青海塔尔寺、甘肃拉卜楞寺等格鲁派著名寺院学习佛法，佛学造诣很深。

四克基二佛爷通晓蒙古、汉、藏语言，通晓蒙医道，对蒙医、蒙药和蒙医疗术都有研究，经常在家中坐堂或是云游各地为蒙古民众及信徒看病。他每年都云游到内蒙古、吉林、长春、沈阳以及北京等地，一路上一边弘扬佛法，一边为信众百姓看病，所以在东三省及内蒙古等地，民间都知道郭尔罗斯有个四克基佛爷喇嘛。

四克基佛爷喇嘛修佛行善，关心下层百姓疾苦，体恤民情，经常掏出自己的钱用痰桶装着散发给牧民。所以，牧民们也称他为“痰桶喇嘛”。因妙因寺有个宝音达赖大佛爷，人们就称他为二佛爷。四克基二佛爷行医行善，从不看重金钱。他为蒙古王公人家看病时，只凭赏收钱，而给贫苦穷人家看病，一般不收钱。遇到远道而来的有困难的病人，他还免费送吃、送药、送路费。

四克基二佛爷喇嘛的医术是内外科兼治，比较擅长的是治疗疔毒恶疮等疑难杂症及风寒湿热诸症。疗术常用放血疗法、艾灸法、冷热罨敷以及推拿术等。在他家里，到处弥漫着丸散蒙药的香气。

在清代，吉林蒙古族地区蒙医蒙药就这样一直被寺庙喇嘛们传承着，名医名方，一代接一代逐渐成熟、完善。草原上特有的各种植物、动物及矿物药材源源不绝，为蒙医名方提供了丰富的资源。可以说，清代是吉林蒙医药走向成熟的重要时期。

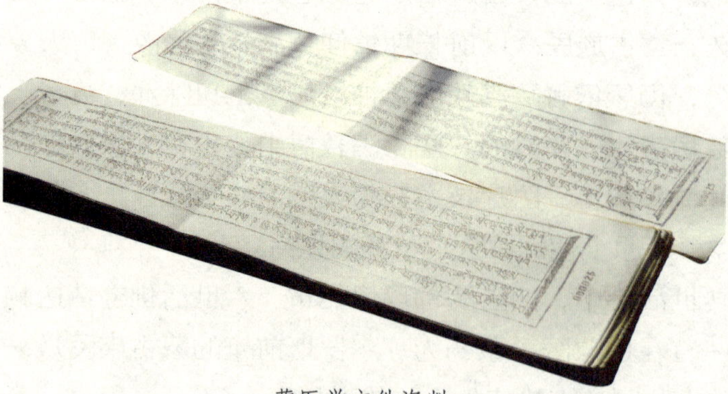

蒙医学文件资料

据载，1941年，辽宁阜新的瑞应寺大喇嘛宝音德力格尔曾办蒙医讲习所，其中有数人是来自郭尔罗斯前旗的学员。郭尔罗斯著名的喇嘛医生拉西的师傅，就是瑞应寺学医有成的喇嘛。拉西喇嘛跟随师傅学医后来到郭尔罗斯一带行医，最后留在这里，由于其医术高超而深得草原上人们的尊敬。同他一样出名的蒙医还有丹毕尼玛，人们称其张喇嘛，都是吉林蒙古族地区的著名蒙医。

3. 吉林蒙医药现状

中华人民共和国成立后，吉林省蒙古族医药事业得到了各级党委和政府的高度重视，蒙古族医药事业得到了很好的发展。

前郭尔罗斯蒙古族自治县为了能使蒙医药得到传承发展，特别重视拉西喇嘛和丹毕尼玛的蒙医术，任命丹毕尼玛为前郭县中医院业务副院长，主抓蒙医科工作。同时，由县政府出面为拉西喇嘛医生和丹毕尼玛医生招收一批青年学员。

拉西喇嘛在师父的指教下，自己细心钻研医术，在多年行医的过程中掌握了许多蒙医、蒙药实践经验和治疗各种疾病及疑难杂症的秘方，这些成果使得拉西喇嘛在行医过程中得心应手，运用自如，药到病除，尤其在妇科、内科、儿科及杂症方面有其特长，有自己的独到方剂。

丹毕尼玛（前排左一）和徒弟们

丹毕尼玛从24岁开始行医，凭借着在瑞应寺曼巴扎仓所学的蒙医药基础和喇嘛师父所传的蒙医药方剂和疗术，一生中大部分时间在郭尔罗斯前旗行医，深受郭尔罗斯草原上牧民的爱戴，他将蒙医药疗术带到这里，又在这里发扬光大，且有弟子们传承，为前郭尔罗斯的蒙医药事业做出了重大贡献。

拉西喇嘛和丹毕尼玛去世后，他们的徒弟白音昌、吴玉山等人继承了他们的蒙医事业，成为吉林省蒙古族地区又一代蒙古族医生。

吉林省蒙古族医药事业在“文化大革命”期间，受到严重干扰和破坏。党的十一届三中全会后，蒙医药事业得到相关部门的重视，重新焕发了生机和活力。

二、重点传承和保护的蒙医药及疗法

1. 蒙药制作

1986年，前郭县查干花蒙医院在相关部门支持下，成立了蒙药制剂室，购进了药物粉碎机、打丸机、烘干机等制药设备，自制蒙药70多种。1996年，前郭县中医院成立蒙医科。1998年，蒙医科自行发掘、整理了民间验方，研制出了用于风湿、类风湿疾病的蒙药“那如-3”，用于胃炎、胃溃疡的蒙药“浩道敦-10”等成药。

2. 蒙医疗法

吉林蒙古族医生在长期为病人诊治疾病的过程中，继承和弘扬着蒙古族传统疗法，并结合当地实际，对传统疗法进行改进和创新，形成了独具吉林蒙古族地域特点的疗术。

为农牧民义诊

（1）针灸疗法

针灸疗法是对人体特定穴位进行刺激，达到防病、治病的目的，具有应用方便、行之有效、经济安全、适应证广泛等特点。

针法是利用针具对人体的特定穴位给以刺激，或结合灸疗、拔罐达到治疗疾病的一种外治法。吉林蒙医用针法医治气（赫依）病、痰（巴达干）病、寒热症、消化不良、痞满积聚、水肿、脓痈、黄水（协日乌素）病等。针具多选用粗银针，这样的银针具有刺激性强、导热性能好、抗菌消炎、去腐化湿、排毒养颜、愈合伤口的作用。针刺结合艾灸、罨敷疗术创造出火针、温针、灸刺、针刺、凉针、寒针等多种手法，临床根据具体病情灵活运用，从而达到理气、调火、破痞、消食、止痹痛、引脓血、燥黄水、消水肿、利关节的作用。

灸法是在人体体表特定部位或穴位给以温热刺激，达到预防和治疗疾病的一种外治法。具有闭锁脉道、保护脏腑、温补胃火、帮助消化、调理气血、破痞燥湿、消肿止痛之功效。吉林蒙古族医生在治疗消化不良、胃火衰弱、各种水肿、痞满积聚、寒性胆（协日）病、头痛、风湿、黄水病、虚热、阴疽、癫狂、遗忘症、疮疡肿痛、妇女寒症、痛经、脉管疾患、温病等病症时，多采用此法。传统蒙医把茴香与奶油放入锅中温火炒熟，再用羊毛毡卷妥熨灸，主要用于气（赫依）病的治疗。吉林省蒙古族医生多改用艾灸，取材方便。

吉林蒙古族医生采用的灸法种类很多，如艾炷灸（直接灸、间接灸）、艾条灸（温和灸、雀啄灸）、温针灸等，临床根据具体病情灵活掌握施灸手法、施灸程度，要循序渐进，先小剂量，短时间，壮数少，轻刺激，以后逐渐加大刺激。充分发挥灸法的补火气、行气血、调三元、强体魄之作用。灸法按热刺激分为熟灸，适用于疖肿、痞瘤等疑难病症；烧灸，适用于巴达干寒症、黄水病、心赫依病；烤灸，适用于气病、虫疾、脉病、水肿；惊灸，主要用于婴幼儿疾患。

民国时期，在郭尔罗斯草原行医的喇嘛医生还采用一种刺血拔罐法，就是针刺与拔罐相结合的一种疗法，多在肌肉丰满、富有弹性、不易找到放血脉穴的部位施用。先在选定部位的脉穴进行拔罐，聚敛赫依（气）、恶血、黄水等约15至30分钟，起罐刺血，用矛型放血器，或粗银针，或三棱针点刺发红、瘀紫皮肤后，再行火罐，抽出一定量的血水为妥，术后禁止洗浴数日。此法具有平衡三元、扶正祛邪、调和气血、舒经通脉、治气病、除恶血、燥黄水、排脓毒、止肿痛的作用。

（2）放血疗法

放血疗法就是用针对人体浅表静脉上特定脉穴，采用特制的放血刀具进行放血，以达到预防和治疗疾病的独特疗法，尤其对热性疾病的治疗具有奇效。

从刺激强度来说，它属于峻猛疗法，在功效上，则属于专治热症的寒性疗法。具有驱逐脉病、清热凉血、消肿止痛、去腐生肌、减肥强体、根除顽疾等作用。

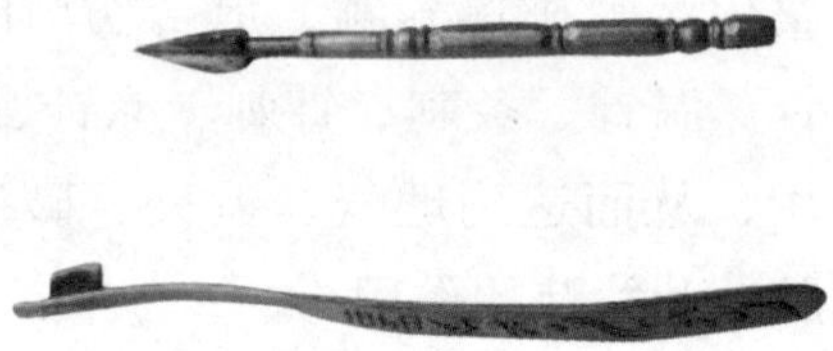

蒙医放血疗法器具

放血疗法多适用于由血、胆引发的热性疾病，如伤热扩散、紊乱热、瘟疫热、黄水病、痈疽、疖肿、疮疡、痛风、丹毒、麻风等热症。痰、气引起的疾病虽系寒症，但若与血、胆合并时，亦可酌情采用放血疗法。

（3）婴幼儿火针疗法

婴幼儿火针疗法是指利用某些药物点燃加热银针，趁热点刺人体特定穴位，达到预防保健、治疗疾病的一种峻疗手法，在古代蒙古民间广为流传。此法具有引邪外出、防治瘟疫、调和气血、开胃醒脾、强身健体的作用。

（4）浸浴疗法

浸浴疗法，是指人体浸浴在天然泉水或药物煎汤中，利用其有效成分改善全身气血运行、疏通经络、润泽肌肤、强筋健骨、调理体质、增强脏腑及组织器官的功能、根除隐伏之病毒余邪等。有药浴和天然矿泉浴两种，主要治疗风湿、类风湿、关节僵直或挛缩、新旧疮疽、皮肤病、肿瘤、妇女寒气（赫依）病、伛偻病以及黄水深入骨肉所致的水肿、赫依病等。

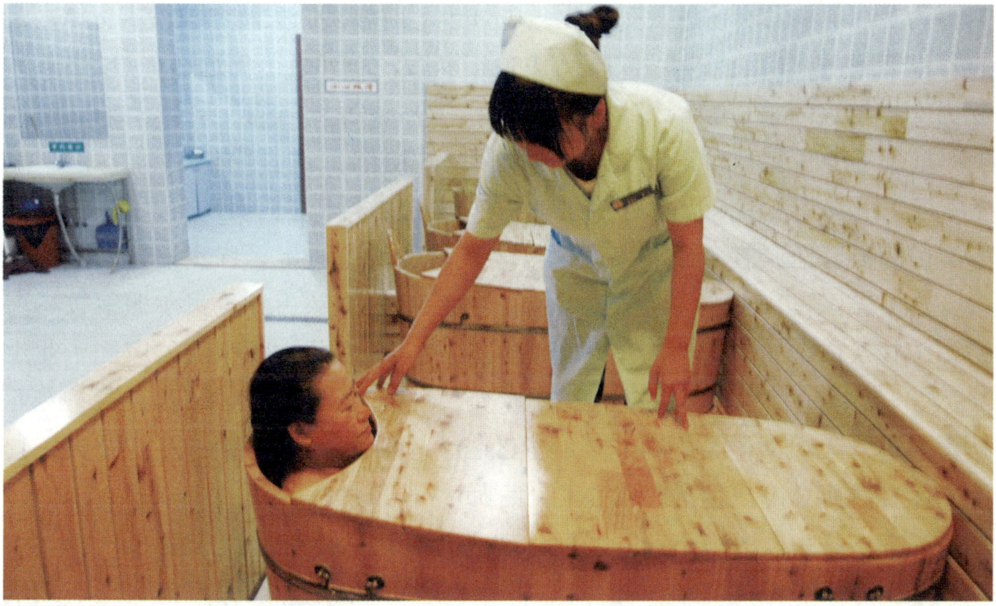

蒙药浴

三、蒙医院

1. 前郭尔罗斯蒙古族自治县蒙医院

20世纪40年代初，蒙古族著名医生丹毕尼玛和拉西喇嘛，用传统的蒙医、蒙药为全县各族人民医治疾病，同时为继承蒙医事业培养人才。他们培养出的一些徒弟分别在前郭县中医院、前郭县查干花卫生院、前郭县乌兰图嘎卫生院蒙医科或个人诊所为各族人民医治疾病。

前郭县蒙医院外景

为了继承和发展蒙医蒙药事业，1964年，前郭县选拔两名蒙古族青年去辽宁省阜新蒙古族自治县学习蒙医。1980年以后，前郭县每年选送6～12名蒙古族男女青年去内蒙古呼伦贝尔盟卫生学校学习蒙医、蒙药、蒙护。2002年10月，前郭县中医院和内蒙古民族大学附属医院协作，成立了前郭县蒙医院，配备专职蒙医蒙药人员，开设了蒙医内科、蒙医疗术科和蒙医骨伤科，疗效独特。

前郭县蒙医院在继承传统蒙医、蒙药理论的基础上，逐步培养和锻炼了一支热爱蒙医药事业的专业技术队伍。先后接收内蒙古呼伦贝尔盟卫校、海拉尔卫校及内蒙古蒙医学院、内蒙古民族大学、内蒙古医学院的应届毕业生36人，将原来的蒙医门诊扩建成蒙医疗区，并配备了蒙医、蒙药、蒙护专业技术人员，人员文化结构得到了明显改善。全院共有蒙医蒙药人员52人，其中副主任医师3人，主治医师6人，医师17人，护师13人，其他人员13人。随着前郭县蒙古族医药事业的发展，现已有30多种蒙药应用于临床。

蒙医疗术科采用针刺、推拿理疗、针灸等方法治疗腰椎间盘突出、颈椎病、强直性脊柱炎、肢体麻木等症，用放血疗法治疗高血压、血管性头痛，

前郭县蒙医院部分医护人员下乡义诊

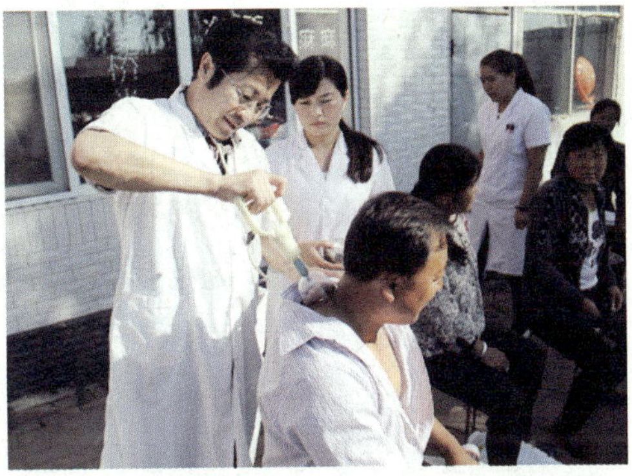

前郭县蒙医院蒙医科主任——韩宝发

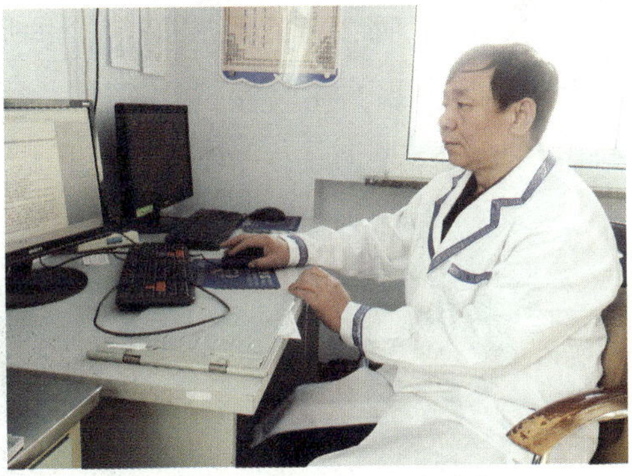

前郭县蒙医院蒙医科副主任——包金海

用药浴疗法治疗皮肤病、风湿等疑难杂症均有特殊疗效。蒙医骨伤科采用传统蒙医喷酒正骨手法，不开刀、不手术治疗四肢闭合性骨折，具有疗效高、疗程短、痛苦小、花钱少等特点。蒙医温针治疗风湿症、类风湿性关节炎、骨质增生方面也有自己独特创新的一面。在蒙医整骨方面，采取整复、固定和功能练习等方式，以手法整复小夹板固定为主，采用动静结合的方式，可使骨折愈合与功能恢复同步进行。

前郭县蒙医院蒙医科一直结合自身临床工作实际，积极挖掘整理散落在东蒙地区的民间医药文献资料，继承和学习蒙医蒙药的传统医术。在多年临床基础上，继承和发扬了蒙医温针、拔罐、放血、喷酒疗法，临床效果显著。他们在传统蒙药基础上，自拟生肌膏，经过多年临床实践，生肌膏对创口感染、创口不愈合或术后切口延迟愈合具有独特疗效。

2. 查干花蒙医院

查干花蒙医院

查干花卫生院始建于1953年，1984年命名为查干花镇中心卫生院。1986年，改名为前郭县查干花蒙医院。同年，查干花蒙医院在相关部门支持下，成立了蒙药制剂室，购进了药物粉碎机、打丸机、烘干机等制药设备，自制蒙药70多种。该院是首批一级甲等医院。

1999年新建556平方米门诊楼，同时上级给配备B超机、心电图机、X光机、半自动生化分析仪等医疗设备。2001年4月，蒙医院和防保站分离为两个独立法人单位，从此不在担负预防保健工作。2002年，同前郭县医院协作成立前郭县医院查干花协作医院，并成立前郭县急救中心查干花急救中心站，并配备急救车一台和急诊急救设备。2006年，实施新型农村合作医疗，国债项目给予维修老楼556平方米，扩建楼房350平方米。2007年，同前郭县中蒙医院成立协作医院。2009年在册职工42人，其中本科学历4人，大专学历12人，中专学历21人。有蒙医主治医师4人，蒙医师3人，中医主治医师2人，中医师2人，民族医主管护师3人，蒙药药剂师2人。科室设置有蒙医科、蒙医理疗科、外科、妇科、儿科、内科、中医科、放射线科、电诊科、检验科、药剂科、财务科、护理部、手术室、急诊室、乡村一体化管理办公室、合作医疗办公室、质量管理办公室，设立病床20张。服务半径50公里，主要服务对象为查干花镇及周边5个少数民族乡镇。

查干花蒙医院副主任医师——韩学作

该院运用蒙医、蒙药传统疗法针灸理疗、手法接骨治疗肩周炎、颈椎病及骨折，用传统蒙药治疗癫痫、风湿、皮肤病、妇科病等常见病和多发病。两个上级协作医院定期派专家下乡坐诊，并且免费培训业务骨干进修，不断提高和壮大蒙医技术力量。

该院重视人才培养，每年都选送业务骨干到上级医院进修学习，曾先后选送三名业务骨干在哈尔滨医科大学第一临床医院和吉林大学第二临床医院进修，目前这些业务骨干均已回到一线工作。

为了更好地运用蒙医药服务查干花镇以及周边乡镇的广大农牧民，查干花蒙医院不断学习中蒙医院专家的临床经验。同时走出去，向兄弟省市蒙医院同仁学习先进疗术及经验，为发展蒙医蒙药事业培养后续人才。

第八章 传统艺术与技艺

一、传统音乐

1. 马头琴音乐

马头琴是蒙古族历史悠久的弓弦乐器，因琴首雕有马头而得名。过去蒙古语称其为“潮尔”，如今称为“蔑林胡尔”。

传统的马头琴属于纯手工制品，制作工序复杂，工艺要求精细。马头琴制作需要木材、皮张、琴弦等材料。其中选材非常考究，制作木料以白木、枫木、梧桐木、缅甸木、红木等5种木料为佳。其中，琴头、琴杆和琴箱对木料要求最为严格，必须是3年以上，自然干燥的木料，制作一把琴至少需要一块长1.5米的木料。琴杆、琴头用的是一整块木头，大多为色木，非常坚硬，是制作整把琴最花体力的部分。

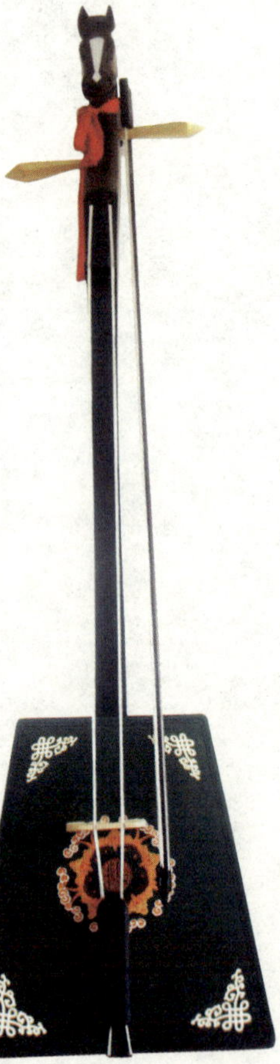

马头琴

制作马头琴需要的工具主要有木锯、刻刀、手斧、虎口台钳子等。制作马头琴是一个耗时、耗力，需要耐力和热情的细活。

马头琴音乐，在吉林蒙古族文化艺术中占有重要地位，是最典型的蒙古族民间音乐表现形式。近年来，郭尔罗斯的马头琴演奏家们还创作了很多马头琴新曲目，包括闻名省内外的《英雄的牧马人》《驯马手》《驼群》《郭尔罗斯情》等。

2006年8月4日，中国民族管弦乐学会正式命名前郭尔罗斯蒙古族自治县为“中国马头琴之乡”。2006年9月1日，前郭尔罗斯自治县1 199名马头琴选手的广场齐奏，经审定载入世界吉尼斯纪录。2008年7月17日，北京奥运火炬到达前郭尔罗斯蒙

吉林省前郭尔罗斯蒙古族自治县被授予中国马头琴之乡

古族自治县县城区时，县政府组织2 008名马头琴选手进行广场齐奏，打破了本县创造的原吉尼斯世界纪录。

赵金宝

赵金宝，著名马头琴演奏家，国家一级作曲家，现任中国马头琴学会副会长，吉林省分会会长，吉林省艺术学院特聘教授，松原市音乐舞蹈家协会副会长，前郭尔罗斯蒙古族自治县民族歌舞传习中心副主任，马头琴乐团团长。2009年，他创作的歌曲《我的根在草原》荣获中宣部第十一届“五个一工程”奖。

2. 四胡音乐

四胡，又称四弦琴，蒙古语简称为“胡尔”，汉意为琴。其形似二胡，弦为四根，是极具代表性的蒙古族民间乐器。

根据四胡乐器的发音特点，可以分为高音、中音、低音三种，都是五度定弦。高音四胡音色清脆悠扬、优美动听，音量较大。主要用于独奏、重奏、器乐合奏。常与中音四胡、马头琴、三弦等乐器重奏或合奏。

中音四胡有两个八度，音色圆润、明亮。可用于独奏、重奏、器乐合奏或为说书、演唱等说唱音乐伴奏，是四胡重奏和民乐合奏中的主要中音乐器。

低音四胡发音圆润优美，音色浑厚深沉，是蒙古族说唱音乐、民族器乐合奏、伴奏中的重要低音拉弦乐器。

四胡的结构，由琴筒、琴柄、琴轴、琴弦、千斤、琴弓、琴码七个部分组成。经过几代传承，吉林省四胡演奏法自成门派，现已逐步形成独特的四胡音乐体系。

四弦琴

白百顺

白百顺，著名四胡演奏家，师出中国著名四胡演奏家阿古拉先生之门，国家一级演员，内蒙古四胡协会常务理事，吉林省前郭尔罗斯四胡协会会长，吉林省音乐家协会会员。

白百顺曾多次参加国内外比赛和艺术交流活动，主要作品有《蒙古马》《铁骑雄风》《郭尔罗斯的春天》《查干湖的风采》《草原上》《神骏》《乌力格尔变奏曲》《牧人之子》《草原骑兵》等。2012年，在全国八省区蒙古族四胡“郭尔罗斯杯”大赛上荣获“终身贡献奖”。

3. 吉林蒙古族民歌

20世纪初至20世纪40年代，吉林蒙古族民歌不仅数量激增，而且具有了蒙汉合璧、长短调结合的独特风格，代表性强、流传较广的《陶克陶胡》

马头琴合奏

《龙梅》《高小姐》等民歌产生于这一时期，且传唱至今。

吉林蒙古族民歌的代表性作品有《天上的风》《陶克陶胡》《龙梅》《高小姐》《官布哥哥》《金良》《波如来》等。这些郭尔罗斯蒙古族民歌，结合蒙古博、琴书、好来宝、祝赞词等方面的优势，以其丰富的内容，优美的旋律，精辟的语言，受到广大群众的喜爱而广为传唱。

宝音达赉——中国唯一一部蒙古族《婚礼歌》的传唱者

宝音达赉（1918—1984），出生在郭尔罗斯昂格赉努图克大老爷府屯（今乌兰图嘎镇）。16岁开始学艺，歌声传遍郭尔罗斯草原。新中国成立前，为了生计，他牢牢地记住了一套完整的《婚礼歌》，也因此成为婚宴上的贵客，门前常常鞍马川流不息。

1978年，县文化馆与查干花草原文化馆联合在郭尔罗斯查干花公社举办了蒙古琴书（乌力格尔）、民歌训练班，将民间艺人集中在一起，进行培训和艺术辅导。在此期间，作为职业《婚礼歌》歌手、祝词家的宝音达赉引起了举办方注意。

琴书、民歌训练班结束后，宝音达赉应著名作家、民俗学家苏赫巴鲁、特木尔巴根的邀请，用一个星期的时间，演唱了《婚礼歌》。在他的全力配合下，采记工作进行得非常顺利，蒙古族《婚礼歌》由此得以传承。蒙古族《婚礼歌》共7章，33首，1600余行。

宝音达赉曾说："我是靠胡琴吃饭的，要想吃得饱，肚子里得有家什才行。那些年，我只要遇到口齿伶俐的祝词家时，就想方设法把人家的祝赞词和唱段学到手。"他在《婚礼歌》职业演唱生涯中，不断地将一些新的唱段融入《婚礼歌》当中，并在逐渐成熟的演唱生涯中，又加入新的创作。

因为宝音达赉，蒙古族《婚礼歌》才得以传承和演绎，并在郭尔罗斯草原上得到了飞速发展。由此，才逐步形成了一部成熟、完整的套曲。

1984年，宝音达赉因病逝世。1997年5月，吉林省民间文艺家协会授予宝音达赉先生"民间艺术家"称号。

（1）长调、短调

长调是反映蒙古族游牧生活的牧歌式体裁，以特有的语言述说着民族的历史，演绎着民族繁衍生息的足迹，是离自然最近的一种音乐，是一幅美丽的自然画卷。因此，吉林蒙古族长调民歌更具有游牧文化和地域文化的独特及鲜明的特征。

短调民歌，蒙古语称之为“宝古尼道”。蒙古族先民走出森林到达蒙古高原后，在牧区和农区都产生了短调民歌，并以其轻快活泼、节奏鲜明的特点很快在民间流传。

吉林蒙古族民歌大多是短调民歌，现在流传的大量作品多数产生于清代中晚期。近百年来，已成为蒙古族聚居的半农半牧区重要的音乐体裁。

文艺表演

阿汝汗的歌词创作

阿汝汗

阿汝汗，蒙古族，汉名佟俊岩。1957年出生于吉林省镇赉县，研究生学历。曾任前郭尔罗斯蒙古族自治县县长、县委书记，松原市委常委、宣传部长、副市长，吉林省民族事务委员会主任，现任吉林省政协党组成员。阿汝汗“崇民族之魂为生，敬民族文化为命”，业余时间创作歌词数十首。《我的家乡前郭尔罗斯》是阿汝汗献给家乡前郭尔罗斯蒙古族自治县一首心中的歌。

我的家乡前郭尔罗斯
一个古老神奇的地方，
创造了阿阑·豁阿女神。
松花嫩江手牵手与你结缘，
养育了一代神弓骁勇子孙。
上苍赐予你仙女查干高娃，
天骄都为之钦佩祭献贡品。
啊！我的家乡前郭尔罗斯，
你是我心中永远的母亲。

一个美丽富饶的地方，
迷恋着无数宾客醉饮。
草原沃野亲抚着莲花仙子，
编织着美好家园山河绣锦。
大地孕育着宝藏喷洒乌金，
牧歌伴着你欢唱万马腾奔。
啊！我的家乡前郭尔罗斯，
你是我心中永远的母亲。

（2）好来宝

好来宝，汉意为“接连不休”，有的则将“好来宝”意为“连起来唱”或“串起来唱”。好来宝，是由一人或多人以四胡等乐器自行伴奏，用蒙古族语言进行“说唱”表演的曲艺形式。

好来宝属于蒙古族民间独特的说唱艺术，是古老萨满神词逐步民俗化的产物，音乐部分融汇了蒙古族史诗说唱、祝赞词、祭祀音乐，并借鉴北方汉族曲艺音乐部分的艺术精华而产生和发展起来。

好来宝多是即兴创作，唱词近似于民歌，都是押“头韵”，而尾韵有自己独特的风格，即最典型的一词重叠。同一词的反复出现，多是名词性的醒目标题，如英雄的名字、特定的地点等。

好来宝根据内容创编曲调，更多地采用夸张、对比、铺陈等手法，以诙谐风趣的语言，合辙押韵的诗句，把演唱者所熟悉的人与事，惟妙惟肖

蒙古族艺人表演好来宝

地加以描绘，给人以艺术享受，使好来宝逐渐成为一种独立的曲艺形式。2008年6月7日，经国务院批准，好来宝列入第二批国家级非物质文化遗产名录。

（3）乌力格尔

乌力格尔，蒙古语意为“说书”，是蒙古族的一种曲艺形式，主要流传于内蒙古自治区及东北三省蒙古族聚居区。与草原上的蒙古族生活习性一致，这种艺术具有浪漫开阔的气息。它最初的形式与西方中世纪的吟游诗人相似，艺人们身背四弦琴或者马头琴，在大草原上四处流浪，追逐蒙古包和王爷贵族们的府邸，一人一琴，自拉自唱。精彩的说唱、长篇的传奇成为草原上最受人们欢迎的艺术形式之一。

在吉林省蒙古族聚居区，乌力格尔是流传较广、深受当地蒙古族群众喜爱的娱乐方式。在它的发展过程中，逐渐吸收了蒙古族史诗说唱、祝赞词、好来宝、叙事民歌、祭祀音乐以及汉族曲艺等多种艺术精华，形成了富有当地特色的曲艺形式。

乌力格尔具有适应性、灵活性特点，它不需要舞台、道具、服饰等，只用一把琴伴奏，随拉随说唱。乌力格尔所用乐器叫四弦琴，蒙古语称“胡尔”，其音质浑厚深沉，富有草原韵味。

包·朝格柱，1969年生人，原籍内蒙古自治区通辽市科尔沁左翼中旗腰力毛都镇白音套海嘎查。现任吉林省前郭尔罗斯蒙古族自治县草原文化馆副馆长，松原市蒙古族博文化研究会会长，国家级非物质文化遗产乌力格尔项目代表性传承人，吉林省前郭尔罗斯蒙古族自治县第十四届政协委员，2014年“感动吉林十佳人物”。

包·朝格柱

乌力格尔讲述内容多是传说故事和史书演义，反映蒙古族历史的书目如《格萨尔》《江格尔》《降服蟒古斯》《青史演义》等；同时还有大量蒙古译汉文书目，如《三国演义》《封神演义》等古典名著。

乌力格尔艺人被称为“胡尔沁”，很多老艺人都具有非常丰富的语言造诣，说唱技术高超、精湛，嗓音洪亮生动，由他们表现的故事情节波澜起伏，旋律和节奏富于变化，具有很强的感染力。由于个人表演风格不同，以及故事内容的差别，艺人们的现场表演会带给听众多种感受——有的词句押韵，如诗如歌，优美动听；有的声音低沉浑厚、内容风趣幽默、神情悠闲自得，直把听众吸引得神往不已。经验丰富的艺人们也常常即兴表演，只要给出个题目，说书人便能出口成章。

二、传统舞蹈

1. 盅碗舞

盅碗舞是蒙古族“打盅舞”和“顶碗舞”结合的舞蹈艺术，作为蒙古族经典舞蹈艺术，在前郭尔罗斯得到了传承。它起源于古代战争胜利者在庆功宴上，伴随歌声击打酒盅以助兴。至今，发展成为手持酒盅，头顶彩碗而舞之。

盅碗舞是自娱性的草原文化型民间舞蹈，原是喜庆节日中由男艺人表演的单人舞，多用三弦、笛子、四胡、扬琴等乐器伴奏。表演者双手各持一对酒盅，用食指和无名指夹住酒盅的边缘，中指扣于盅内，大拇指托住盅底，使两盅之间留有空隙以便碰击作响。当表演者和着乐曲的节拍轻抖双腕时，酒盅发出细碎、清脆、银铃般美妙的声音，是一种技艺性很高的表演形式。

盅碗舞的特点是肩部动作较多。生活在大草原的蒙古族白天骑马、套马、剪羊毛、挤奶、摔跤等动作都要动肩，所以盅碗舞的动作多以上半身为主。

顶碗舞

过去，在草原上表演开始时，艺人坐在地毯上轻击酒盅，徐缓起舞。站起后双臂或伸或屈，或在胸前环绕，并在时进时退或绕圈行走的表演中让动听的碰击声始终不停。节奏转快后，则更为精彩。表演中，人们常唱着当地民歌为之助兴，使环境气氛更为热烈融洽。

2. 筷子舞

筷子舞原是婚礼、喜庆节日欢宴时在弦乐演奏及人声伴唱中由男艺人表演的单人舞蹈。表演者右手握一把筷子，用它敲打手掌、肩部、腰部、腿部等处，击打的同时肩部环绕耸动，腕部灵活翻绕，敲打声清脆，节奏鲜明，情绪热烈。后来，专门把筷子的一端用小绳穿起来，又缀以红绸，遂成为精美的道具，可单手或双手持之表演，从而增强了表现力，遂广泛流传开来，

斯琴塔日哈，一级演员，舞蹈家。1932年9月，出生于吉林省镇赉县大屯乡茨勒营子屯。1948年2月，毕业于内蒙古军政大学。曾当选为第二、三、四、五届全国文代会代表，第四届全国文联委员、第三届全国人民代表大会代表、内蒙古歌舞团副团长、内蒙古政协常委、中国舞蹈家协会副主席、内蒙古自治区文联副主席、内蒙古舞蹈家协会主席。曾多次参加国内外舞蹈演出及学术研讨会。

斯琴塔日哈

蒙古族舞蹈

并成为经常上演的舞台节目。

筷子舞表演时，慢舞，稳重深沉；快舞，飘逸矫健。舞者情绪高昂时，筷子绕身飞舞，可在各种动作上击打身体的各个部位，声音清脆，节奏鲜明，情绪热烈欢快，时而转身大跳，时而蹲跳双脚。由慢而快，淋漓尽致地表现出草原牧人剽悍、洒脱、率真的个性。

筷子舞，凝结着蒙古人民热爱生活的情趣和赞美生活的智慧，已成为独具特色的郭尔罗斯蒙古族舞蹈艺术代表作之一。

3. 安代舞

安代舞作为蒙古族民间舞蹈艺术之一，在前郭尔罗斯蒙古族自治县历史悠久，世代流传，并且正在普及发展壮大，成为大众性的民族民间舞蹈艺术。安代舞是脱胎于原始萨满的宗教舞蹈，民间有安代舞起源于郭尔罗斯前旗、发起在库伦的传说。安代舞是随歌而舞、边唱边舞、歌舞结合的一

安代舞

种舞蹈。舞步以“踏足”“顿足”“甩巾”及自然圆圈队形为特点，承袭着蒙古族古老的“绕树而舞”的习俗，动作粗犷、豪放，又不失抒情、优美。其风格特点是“甩巾轻搭肩，起步必踏足，头手随身摆，舞姿爽且美”。

传统的安代舞按内容可分为“阿达安代”“乌茹嘎安代”“包勒格道勒呼安代”等，其形式可分为“大安代”（在野外举行）、“小安代”（在室内举行）。

安代的唱词中，既有民歌、好来宝，也有祝词、咒语，以及讽刺的歌谣。把几十种传统的民间文学形式都糅合到舞蹈与音乐之中。安代舞节奏强烈的踏地舞步，高潮迭起，朴实火爆，具有鲜明的民族特色和浓郁的生活气息。

4. 查玛舞

查玛舞，原是一种以宗教经传故事为内容的蒙古族面具舞蹈。查玛舞流传在郭尔罗斯草原上，已有三百多年的历史。查玛舞的种类有“依和查玛”“巴格查玛”“弥勒查玛”等，主要体现镇邪除魔，传播佛教的普度众生、改恶从善、促成太平盛世的思想。

查玛舞

查玛舞的表演者身穿各式各样的服装，头戴特制的牛、鹿、鹰、羊、蝴蝶等面具登场表演。伴奏均是吹打乐，有寺庙大号、羊角号、螺号、唢呐、鼓和大钹等。道具有兵器和旗幡、罗、伞等，都是根据剧情和角色的特点制作的。

查玛舞有殿堂舞、米拉佛传舞、寺院舞、大场舞四种表演形式，是通过独舞、双人舞、群舞的形式来完成的。整个舞蹈，有的见功夫于腿部，有的见功夫于腰部，有的见功夫于肩部，也有的见功夫于臀部。如阿拉哈柱的双人燕碎抖肩、达日额赫的碎步、阿扎拉的拖转下腰、查干额布根的摔克等，这些舞蹈动作既优美，难度又很大。

近年来，前郭尔罗斯蒙古族自治县将查玛舞进行了艺术性创编，并在举办民俗旅游节、冰雪捕鱼节时进行表演。查玛舞主题中的宗教意识逐渐淡出人们的视野，而以伸张正义战胜邪恶的精神，凝聚着民族传统舞蹈艺术精华，在新的历史时期得以保留，日益具有迷人的魅力。

三、传统体育与竞技

1. 那达慕

那达慕，蒙古语意为“娱乐”或“游戏”。自古以来就是蒙古族特有的群众性盛大聚会，一般在草美畜壮的夏秋之际举行。

每隔几年，吉林蒙古族都要举行隆重的那达慕大会。大会举行多种群众性文体活动，如祭祀敖包、文艺会演、体育比赛及商贸活动。其中，最为壮观的活动是具有民族传统特征的摔跤、赛马、射箭、投布鲁等传统体育竞技项目。

蒙古搏克

（1）摔跤

摔跤，蒙古语称“搏克”，是蒙古族最喜爱的传统体育项目之一。参赛者为摔跤手，蒙古语称“搏克沁”，是威武、彪悍的青壮年男子。搏克手们上场时，穿戴的帽子、坎肩、裤子、护裆、套裤、腰带、围裙、靴子等一并称为搏克服饰，随着搏克的发展演变，最后形成了制度化的服饰礼节，具有浓郁的民族特色。

蒙古式摔跤具有独特的民族风格。比赛时，身穿铜钉牛皮坎肩“昭达格”，头缠红、黄、蓝三色头巾，脚蹬蒙古花皮靴，腰扎花皮带，下身穿套裤，脖子上挂五彩飘带。出场时，双方摔跤手挥舞双臂，然后互相搏斗。蒙古式摔跤不分等级，以淘汰的方式决胜负，分别授予荣誉称号和奖品。

摔跤比赛无人数限制，但须成偶数，少则二至四人，多则几百人，甚至上千人，比赛胜负采取单淘汰法。蒙古族有许多的摔跤技巧，由捉、拉、扯、推、压等13个基本技巧演变出一百多个动作，可以抓住摔跤衣、腰带、裤带，但不许抱腿、不准打脸，不准突然从后背把人拉倒、触及眼睛和耳朵，不准拉头发、踢肚子或膝部以上的任何部位。

（2）赛马

赛马，是吉林省蒙古族那达慕上最为壮观的比赛项目。选手们头系绸带，身着蒙古袍。有的骏马头、尾系彩带，但一般不备鞍子。比赛随发令枪响开始，骑手们纵马飞奔、争先恐后，场面非常壮观。蒙古族的赛马一般分

赛马

为走马赛和快马赛。走马，又叫溜蹄马，步伐精巧，犹如行云流水般平衡，且有速度和耐力的体现，深受人们的喜爱。颠马步则是既具备精巧步伐又具有较强的承受力的一种马步。吉林省蒙古族的赛马通常是快马赛，即速度赛马，距离为10 000米和5 000米。

（3）射箭

射箭，蒙古语为“苏日哈拉布那”。蒙古人使用弓箭的历史比其他民族早得多，大约在旧石器后期、新石器初期就有了弓箭。

蒙古族传统的射箭主要有骑射和静射两种方式。骑马跑动中射击蒙古语称“那玛那嘎”，汉意为骑射。站立射击蒙古语称“哈日布嘎”，汉意为静射。赛场上选手们头缠彩绸带，身着蒙古袍，腰系宽布带，服饰极具民族特色。骑射时，选手骑马、背弓、带箭，裁判发令后应声纵马，同时抽弓搭箭，瞄准箭靶发射，中箭的靶环脱落时，全场观众大声喝彩。静射比赛时，一般每人可以射9箭或12箭，分3轮射完，以累计的中箭环数多者为胜。多年来，吉林省那达慕都采取静射的比赛方式。

箭场射箭

（4）投布鲁

“布鲁”，系蒙古语音译，汉意为投掷。古时为狩猎工具的专用名词。布鲁在半农半牧的蒙古族地区比较常见，在吉林省西部的蒙古族村屯，“海木勒布鲁”曾一度是每家每户的用具。例如，在东二家子乡瓦房村有一位蒙古族包氏老人至今珍藏着一把

投布鲁

祖辈使用过的布鲁，长约50厘米，前端有铜制心状物。据说是他爷爷用于猎获黄羊、野猪等动物的工具，距今已有150多年的历史。平时，人们用布鲁放牧、打猎和健身、防身，节庆时则用做比赛。过去，布鲁是平坦的草原上命中率极高的“武器”。投掷布鲁技术好的猎手比枪猎手优先命中禽兽，因而技术优秀的投掷者被人们誉为“木枪手”。

在民间，投布鲁主要分为投远和投准两种：投远布鲁，蒙古语称为“海木勒布鲁”，为扁形，握柄处呈圆柱形，日常生活中主要用于放牧、健身等。投准布鲁，蒙古语称为“图拉嘎布鲁”，为圆柱形，柱头包有铅头或箍以铜箍、铁箍，具有重量轻、速度快的特点，适用于狩猎时击打野鸡、野兔等小动物。此外，还有一种是重击使用的布鲁，蒙古语称“吉如根布鲁”，用一种铜或铁制成的心状物，系着一根长皮条连接在布鲁的前端。这种布鲁用力掷出后，可以穿透野兽的毛皮，直取要害使其殒命。民间主要用于近距离猎获大型野兽，如野猪、黄羊等。

传统的布鲁为木制，宽约6厘米，厚约1.5厘米，重量150克～450克不等。有的掷远布鲁重量约500克。按照结构，“图拉嘎布鲁”头部长18厘米～20厘米，可以系（箍）有铜、铁部件的布鲁；“海木勒布鲁”身长32厘米～34厘米，为圆形或椭圆形，柄长8厘米～10厘米，相对比较光滑，容易把握。

布鲁制作简单，一般由年长者用榆木或其他硬杂木制作而成。蒙古族儿童自幼喜爱投布鲁，随着年龄的增长，逐渐随成人骑马围猎，进一步学习使用布鲁。由于投布鲁是具有大众性的竞技运动，所以在吉林省蒙古族地区被列为那达慕大会的正式比赛项目。

2. 蒙古族鹿棋

鹿棋，蒙古语称“宝根吉日格”，是蒙古族传统娱乐项目之一。在吉林省蒙古族村屯，群众闲暇时间经常聚集在一起对弈鹿棋。此项游戏简单易学、启迪智慧，深受人们喜爱，已流传千余年。近年来，文化工作者在非物质文化遗产普查中，对各地蒙古族群众对弈的情况进行了详细调查，发现了民间珍藏的多种精美鹿棋。

鹿棋棋子分为“鹿”和“狗”两种，棋盘上有“山”和“原”。棋盘呈方形，纵横线各5条，交叉成25个点。中心纵线的两端各有“一座山”，一个呈平顶形，一个呈尖顶形，内画十字线，也构成几个交叉点。两人对弈时，一方执两子，为“鹿方”（先行）；另一方执24子，为“狗方”。对战中“鹿跳吃狗，狗围堵鹿”。“狗方”若能困住“鹿方”，“狗方”为胜；若困不住，“鹿方”为胜。民间也有将此棋艺的“鹿吃狗”称为“狼吃羊”，是传统的启智类游戏。

行棋方法：“鹿”在同一条路线的位置上从一边的位置跳过“狗”走到另一边的位置，就吃掉了被跳过的“狗”，将其从棋盘上取下来。在与“鹿”同一条线上两个“狗”挨着排列时，“鹿”不能吃“狗”。隔两只“狗”也不能吃，每走一次，“狗”可以加一棋子。也就是执“狗”的人将摆剩下的16个“狗”，每步任选空余位置摆一子。依次“狗”全部摆到棋盘后，移动棋子，努力使两“狗”相连，阻止“鹿”吃“狗”，同时设法围住“鹿”。“鹿”被狗圈住，执“鹿”者输棋；狗不能围住“鹿”，执“狗”者为输棋。

鹿棋具有鲜明的民族特色，是蒙古族传统的竞技娱乐项目，是蒙古族人民尤其是青少年喜爱的棋类。鹿棋棋盘纵横交错，变化无穷，一千多年来在蒙古族民间盛行不衰。“鹿吃狗”到“狼吃羊”的演变，表现出了游牧民族与

鹿棋

牲畜的密切关系以及人类征服和驯化动物的能力。

3.“沙哈”游戏

“沙哈”，蒙古语，又写作“沙嘎”“萨嘎”“沙哈嘎”，俗称嘎拉哈。“沙哈”，学名为“髌骨”。在吉林省蒙古族民间，“沙哈”主要用于游戏，同时也是吉祥之物，在亲友之间相互赠送。在蒙古族古老的习俗中，“沙哈”曾是母亲送给新婚女儿的特殊礼物，意味着以此相连、难以割舍的骨肉深情。时至今日，许多蒙古族老人还珍藏自己出嫁时带到婆家的“沙哈”。

“沙哈”多取于羊、猪、鹿、狍、麋、獐、牛、骆驼等动物腿骨间块状的一个关节骨，经过打磨加工而成。民间游戏时，通常将四个不同的表面分别称为坑儿、背儿、珍儿、轮儿，与古代称谓略有不同。为了美观和游戏的需要，还可将“沙哈”染成红、绿、紫、黄等不同颜色。

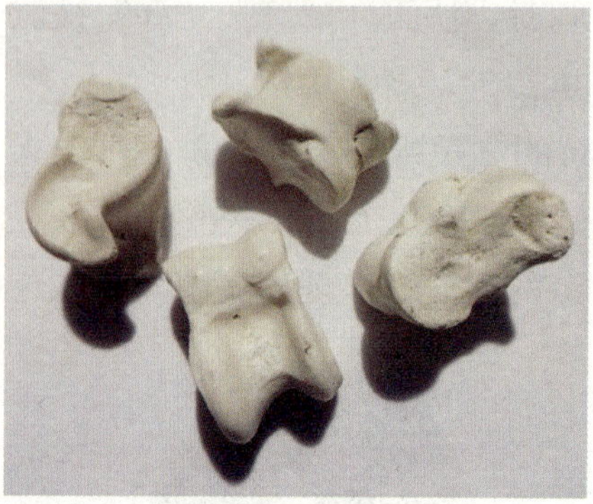
嘎拉哈

“沙哈”游戏的玩法较多，各地略有差异，但都以弹、抓为主。比赛主要分为团体赛和个人赛，通常是在居民家火炕上或其他较为平坦的地方举行。吉林省蒙古族大多玩羊“沙哈”，主要有散弹“沙哈”、抛拾“沙哈”、积分、翻手背四种游戏方式。

散弹“沙哈”：这是比较简单而常见的玩法，在许多蒙古族村屯流传。先将“沙哈”分给游戏者，每人拿出相同数目的“沙哈”混放在一起，向上掷散。落地后，参赛者将其中一枚弹向形状相同的另一枚，弹的方式通常是用右手拇指、中指扣外弹动。弹中则赢得一枚，弹不中则依次转给他人掷弹。弹时如果碰不到或者碰到不同形态的、碰到两个以上的“沙哈”，都视为失败。以多赢者为胜。

抛拾“沙哈”：这种玩法流传较广，一直是前郭尔罗斯地区各民族所喜爱的游戏活动。先将若干个“沙哈”抛散开，取其一作为“码头”（布毽子）向上抛起，抛起的瞬间，用同一只手拾捡约定数目的“沙哈”，再将抛起的“码头”接到手。拾捡的过程不能碰到其他“沙哈”，拾到即赢得，多拾多得。游戏者依次轮换抛拾，以多得者为胜。

积分：在前郭尔罗斯哈拉毛都、王府站等地的少数村屯，还有一种以积分方式进行的“沙哈”游戏。游戏者一般为两至四人，划拳确定顺序后依次参加比赛。比赛时，每人一次将四枚“沙哈”向上抛起，落下后以相同平面为准：有四枚相同计40分，两两相同计20分，三枚相同计15分，各不相同计10分。三次为一轮，分数最多者为胜，可以赢得这四枚“沙哈”。

玩嘎拉哈

翻手背：在前郭尔罗斯北部长山、八郎等地的个别村屯，还流传着一种翻手背的玩法。游戏者双手捧起所有的“沙哈”，向上扔出后，迅速将一只手翻转手背，再翻手心接住下落的“沙哈”，接到即赢得。参赛者依次进行，以赢得的多少作为再次开始的先后依据。以多赢者为胜。

“沙哈”游戏深受广大蒙古族群众的喜欢，自古传承至今，始终保持着特有的魅力。

4. 喜塔尔

“喜塔尔”，即蒙古象棋，在蒙古族中有着悠久的历史。吉林省蒙古族聚居地区，可以经常看到牧民围坐桌前对弈的场景。

关于蒙古象棋的起源一般认为，在古印度有叫作“却图郎卡”的棋戏，后传入中亚，称作“沙特拉兹”。13世纪在成吉思汗纵横欧亚期间传入蒙古地区。

在漫长的岁月里，这一棋戏在蒙古地区完全本土化了，从棋盘设计制作，棋子的名称、造型，到竞赛规则已全部具备蒙古民族的文化传统特色和

“喜塔尔”已纳入蒙古族学校课外活动

风格。

蒙古象棋的棋盘由纵横8×8的64格组成，无河界，满盘可行。红白双方各有棋子16枚，每方有王、帅各1和双车、双马、双骆驼和卒8枚。各棋子有规定的行走路线和限定的格数。对弈中，一方的王遭对方棋子“将死”，即为输棋，平棋也有具体规定。

四、民间艺术

1. 蒙古族枕头顶刺绣

据《蒙古风俗鉴》等著作记载，古代蒙古人在生活中很注重刺绣艺术，且应用范围较广，如各种帽子、蒙古袍边饰、靴子，以及荷包、摔跤服、蒙古包等，都有精美的刺绣。与此同时，蒙古族人民也结合自己民族特点和地

刺绣艺术——蒙古族枕头顶

区特点，不断向中原地区学习刺绣艺术，创造了适合自己民族需要的枕头以及其他用品、用具。

枕头顶又称“枕头堵”，是绣着吉祥纹样的枕头顶绣片。作为装饰，图形内容喜用花、鸟、鱼、虫、飞禽、走兽、人、马、牛、羊、十二生肖、花卉、植物等，多采用平绣。

吉林蒙古族枕头顶刺绣，吸收了汉、满等民族刺绣的精湛技艺，制作精美、风格独特。刺绣方法通常有缠绕、直刺、刻绣、暗缝、摹绣等多种方式，刺绣图案的内容、大小及颜色，因枕头使用者的年龄、性别及喜好不同而不同。一般由子女双全的年长者为新婚夫妇赠送刺绣。

2. 蒙古族剪纸

剪纸是蒙古族最为流行的民间艺术之一，在民间流传已久，是群众喜爱的一项手工艺制作技艺，受到了广泛欢迎。蒙古族剪纸艺术是北方游牧民族在其漫长的生产、生活中发明和运用的，以影像作为形象表记的艺术手法，在各种材料上镂刻、透空的艺术语言，是草原民俗文化不可分割的重要组成部分。

在吉林蒙古族聚居村落，剪纸的传统风味依然存在，且形成了丰富多彩、争奇斗艳的局面。这里不同的地区，形成了不同的特点。在年节时用红、绿、黄等不同颜色的纸，刻出各式各样的图案纹样，如人物、动物、吉祥字等等。其风格浑厚朴实，装饰性强，既生动耐看，又表现出一种吉祥喜庆的含义。

由于吉林省具有多民族互相杂居的地域特点，各民族的民间工艺相互渗透，取长补短，世代传承。蒙古族剪纸风格单纯且质朴，古拙且健美，富有

剪纸作品

草原的乡土情趣。那些盘肠、卷草、花鸟和云卷的剪纸常常用于衣袖、靴子、门帘、绣花毡的贴花等，作为刺绣贴花的底样。蒙古族剪纸在表现上注重大的轮廓，造型简练，拙中见巧，剪、刺相兼，别具一格。

3. 乌力吉将嘎

“乌力吉将嘎”，即绳编技艺，在中国古代生活中的应用相当广泛。最早的衣服没有纽扣、拉链等，系衣服多借助衣带打结之法。蒙古族的“乌力吉将嘎”是日常生活中不可缺少的一部分，具有很高的历史价值和文化价值。而且纯手工的制品无论是造型还是活动的形态都没有一个非常固定的标准，在制作过程中可以随心所欲，不拘泥于现成，因而具有较高的艺术和美学价值。

在吉林省蒙古族聚居地，很多蒙古族民间艺人通过口传心授、眼观手教的师承徒学方式，掌握了这项精湛的传统技能。他们以手工编织各类动物形象，中国结，萨满教、佛教编结用品，各类欣赏装饰挂件以及农牧业生产中的用品、用具。“乌力吉将嘎”绳编是群众智慧的展现。

五、非物质文化遗产

吉林蒙古族在漫长的历史岁月中，不但创造出了流光溢彩的物质文化遗产，而且繁衍出了弥足珍贵的非物质文化遗产，他们历史久远、种类繁多、风格鲜明、流布广泛，包含了民间文学、民族音乐、戏曲舞蹈、传统医药等十大类，涵盖了方方面面，遍及全省蒙古族村落。这些非物质文化遗产，同吉林省蒙古族的生产、生活息息相关，是非常珍贵的精神食粮和无形的文化资产，具有重要的历史、文化和科学价值。

近年来，吉林省蒙古族文化工作者不断加大非物质文化遗产的挖掘、整理和保护工作力度，在非物质文化遗产的项目建档、数据库建设、申报项目代表作名录及传承人认定方面取得了可喜的成绩。

目前，吉林省蒙古族非物质文化遗产列入国家级保护名录共10项，代表性传承人1人，省级保护名录项目38项，代表性传承人38人。

赵金宝演奏马头琴

国家级非物质文化遗产项目名录及传承人

一、项目名录

1. 博舞

2. 查干萨日

3. 冬捕

4. 郭尔罗斯蒙古族民歌

5. 马头琴

6. 马头琴制作

7. 蒙古族婚俗

8. 四胡

9. 陶克陶胡

10. 乌力格尔

二、项目传承人

乌力格尔项目传承人：包·朝格柱

第九章 民族区域自治

一、前郭尔罗斯蒙古族自治县

中华人民共和国成立以后，中央人民政府于1952年8月颁发了《中华人民共和国区域自治实施纲要》，1954年9月又颁发了《中华人民共和国宪法》。宪法中明确规定：“各少数民族聚居的地区实行区域自治。”

当时，郭尔罗斯前旗辖14个区，151个街村，旗境总面积7 219平方公里，总人口2 048 00人，其中汉族180 150人，占总人口的90.3%；蒙古族16 700人，占总人口的8.15%；其他少数民族3 055人，占总人口的1.5%。

居住在郭尔罗斯草原的蒙古族，有着悠久的历史和灿烂的文化，随着时间的推移，汉族、满族、锡伯族、朝鲜族、回族等民族也都逐渐迁入到本旗，从而在历史上形成了一个以蒙古族为主体的多民族区域。

历史上的郭尔罗斯辖区

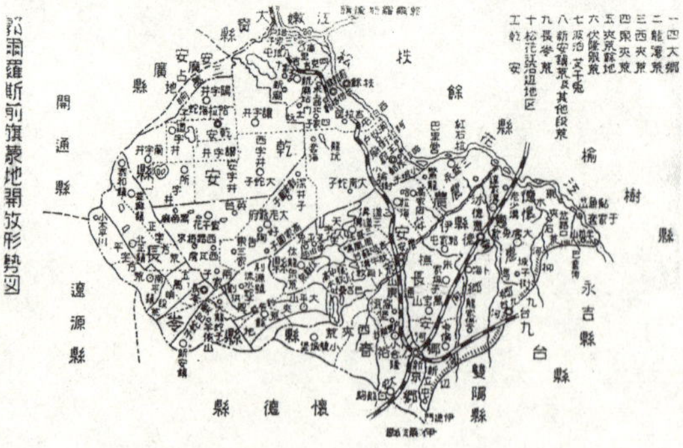
郭尔罗斯前旗蒙地开放形势图

中共郭前旗委和旗政府在贯彻落实《纲要》和《宪法》精神时，根据蒙古族和各族人民的呼声和要求，在上级党委和人民政府的关怀下，于1953年首先在蒙古族聚居的地方成立了查干花蒙古族自治区和大老爷府、米立营子、东三家子、东瓦房4个自治村。这些民族区、村成立后，在各民族之间实行一律平等，团结互助，携手前进。农牧业和手工业生产均取得了良好的经济效益，生活水平得到了明显提高。这些成就的取得极大地教育和鼓舞了全旗蒙古族等各族人民，使他们认识到，只有在少数民族地区实行民族区域自治，才是迅速改变少数民族聚居区落后状态的有力保证，才是各族人民共同繁荣和发展的唯一出路，所以强烈要求全旗区域自治。

1955年，中共郭前旗委和政府，根据《宪法》第一章第三条中规定的“各少数民族聚居的地方实行区域自治”和《纲要》第二章第四条规定的“各少数民族聚居的地区，依据当地民族关系，经济发展条件，并参酌历史情况”和郭前旗蒙古族群众聚居的地区特点，以及培养大批民族干部等具体条件和各族干部群众的共同意愿，决定在原来的区、村级区域自治的基础上，改设为县级民族区域自治的地方。

为此，中共郭前旗委和政府将方案报请吉林省人民委员会后，1955年9月国务院第十九次全体会议讨论并通过了“关于撤销郭尔罗斯前旗建制和撤销旗内相当于区的查干花蒙古族自治区及大老爷府、米立营子、东三家子、东瓦房等四个自治村的建制，成立前郭尔罗斯蒙古族自治县”的决议。

1956年1月1日，庆祝前郭尔罗斯蒙古族自治县成立大会，在原旗立一小学（今松原市宁江区第一小学）内隆重召开。城关区各族各界人民、机关、学校以及农村群众上万人参加了庆祝大会。

前郭尔罗斯蒙古族自治县政府办公楼

前郭尔罗斯蒙古族自治县街道

前郭尔罗斯蒙古族自治县广场

前郭尔罗斯蒙古族自治县成立后，隶属吉林省白城专员公署（白城地区行政公署）。1991年3月30日，隶属前扶经济开发区。1992年6月6日，隶属吉林省松原市。

薛赤兀儿

薛赤兀儿——豁罗剌斯部酋长

薛赤兀儿，生卒年不详。成吉思汗时期，蒙古豁罗剌思部一支的酋长，大蒙古汗国千户长，《蒙古秘史》编著者之一。

乌巴什

乌巴什——嫩科尔沁郭尔罗斯部始祖

乌巴什，哈布图·哈萨尔的十六世孙。其祖父即是率领科尔沁人南迁后占据嫩江，并以嫩科尔沁为部号的奎蒙克塔斯哈喇。

奎蒙克塔斯哈喇的封地原在大兴安岭西麓的呼伦贝尔地区，明嘉靖二十六年（1547），奎蒙克塔斯哈喇为辅佐元朝正统后裔达赉孙库登汗，从其祖上封地的呼伦贝尔草原辗转南下，率领自己的部族迁徙到大兴安岭东麓的嫩江流域，为区别留在原地区的阿鲁科尔沁部而自号嫩科尔沁。其孙乌巴什占据了原来在松花江、嫩江交汇处一带游牧的豁罗剌斯部纳仁汗子孙的游牧地，自号郭尔罗斯。从此，哈萨尔的后裔乌巴什所率郭尔罗斯部成为这里的主人。

二、民族乡村

1. 蒙古族聚居乡（镇）

查干花镇

查干花放歌

查干花镇位于前郭尔罗斯蒙古族自治县西南部，距县城100公里，北距白城市220公里，南距长春市170公里。县内“双乌”公路、县级乾安至长岭、乾安至长春三条县级公路在镇内交汇，距国道203线仅15公里，交通便利、通讯便捷。

查干花镇辖9个行政村，1个镇办牧场，1个社区，其中民族村5个，共35个自然屯。总人口21 775人，其中蒙古族人口10 890人，占总人口的50%，是前郭县蒙古族聚居重镇。查干花镇作为民族特色乡镇，是前郭西部民族乡镇的经济、文化中心。

这里民风纯朴、民族特色浓郁，民族文化底蕴深厚，被誉为郭尔罗斯的“窗口”。2005年被国家文化部授予“中国民间艺术——民族歌舞之乡”称号。全省唯一从事蒙古族文化的乡镇级文化馆——查干花草原文化馆坐落于镇内。

乌兰图嘎镇

乌兰图嘎镇位于前郭尔罗斯蒙古族自治县西部，东邻乌兰塔拉乡，东南与农安县永安乡接壤，南与长岭县巨宝山镇毗邻，西与东三家子乡交界，北与查干花镇隔草原相望。总面积近400平方公里，耕地面积12 300公顷，草原面积9 200公顷，林地面积8 300公顷。国道203线与长乾公路交汇经过，是前郭县西部经济、交通、文化的中心，是长岭、农安、乾安三县农副产品重要集散地。乌兰图嘎镇距松原市72公里、长春市105公里、哈尔滨市240公里、沈阳市320公里，交通区位优势明显。

乌兰图嘎镇辖区12个行政村，1个社区，1个工业园区，40个自然屯。全镇常态人口35 000人，其中常住人口29 600人，蒙古族9 438人，占常住人口的33%。

东三家子乡

东三家子乡位于前郭县西部，东与乌兰图嘎相连，南与长岭县集体乡交界，西与孤店为邻，北与查干花镇接壤，乡政府驻地小庙子屯，距前郭县城93公里。东三家子乡政府坐落于小庙子屯，距小庙子屯5公里。“东三家子乡”一名因乾隆时期在此地有蒙古族包、高、陈三人开荒而得名。

1988年10月，从套浩太乡划出孤店、曲家围子、巨宝山、西罗家围子、二道梁子、韭菜坨子、靠勺山、青山8个村，成立东三家子乡。2011年末，辖小庙子、孟吐、天德、波牛、瓦房、东三家子、北三家子、东太平、西太平9个村委会。

乌兰傲都乡

乌兰傲都乡位于前郭县西部,距县政府驻地前郭镇西南130公里。东与查干花镇相连，南与孤店乡为邻，西与长岭县三团乡交界，北与乾安县仙字乡、所字乡接壤。全乡东西最长处39公里，南北最宽处19.5公里，总面积为280平方公里。现辖9个行政村，20个自然屯。蒙古族集中居住在杨家围子村、赵泉窝堡村。

哈拉毛都镇

“哈拉毛都”为蒙古语，汉意为“茂密的森林”。该镇地域独特，交通便利，南接长春，北靠松原，东临松花江，西距302国道8公里，位于前郭县和松原市的最南端。全镇南北长19公里，东西宽约9公里，总幅员面积181平方公里，现辖12个行政村（含4个民族村），共34个自然屯，总耕地面积为6 513公顷，总人口为24 491人。

该乡地势西高东低，系丘陵地形，具有发展林果业得天独厚的资源优势，享有“塞外名果之乡”的美誉。哈拉毛都镇历史悠久、文化厚重。

哈拉毛都景观

套浩太乡

套浩太乡位于前郭县中部，距松原市区25公里。东与新立乡、红光农场、莲花泡农场相连，南与大山乡、长龙乡交界，西与宝甸乡为邻，北与重新乡接壤。总面积约为15 486公顷，耕地面积约为7 368公顷。

套浩太乡由驻地“套浩太”而得名。“套浩太”为蒙古语，汉意为“地形像胳膊弯”。套浩太乡现辖7个行政村，22个自然屯，31个村民小组。蒙古族主要分布在套浩太村、两家子村、长坨子村、查干吐莫村、腰围子村、套浩村、碱巴拉村。

长山镇

长山镇地处前郭县北部，是“吉林特色城镇化示范城镇”。全镇总面积约182平方公里，镇区规划面积18平方公里，建成区6.3平方公里。现辖16个行政村，5个社区居民委，78个村民小组。

长山镇在1934年以前是一块荒芜地，长白铁路修建后逐渐形成了农村居民点，取名长

长山明珠园

山屯，归属新庙区管辖。1968年，国家计委批准在此兴建电、化两厂。1980年3月，吉林省政府批准建立长山镇。1995年，被国家建设部确定为“小城镇建设试点镇”，被省委、省政府列为“十强镇”。2004年，被国家六部委确定为“全国重点镇”。2005年，新庙镇整体并入长山镇，使镇域面积和人口规模都扩大了近一倍，属特大乡镇。

八郎镇

八郎镇地处302国道旁,位于前郭县西北部，距县人民政府驻地前郭镇西北45公里。东隔嫩江与黑龙江省茂兴镇相望，西与查干湖相连，南与蒙古艾里乡为邻，北与大安市四棵树乡接壤。东西宽33公里，南北长25公里。总幅员307平方公里。现辖20个村，33个自然屯，101个村民小组。

2. 蒙古族乡

德顺蒙古族乡

德顺蒙古族乡位于白城市洮北区政府所在地偏西南33公里，坐落于美丽的洮儿河北岸，富饶的大沁塔拉草原腹地，南与洮南接壤，通讯发达，交通便利，洮白一级路与白平铁路在此穿过。全乡幅员面积388平方公里，其中耕地面积1.1万公顷。

“德顺”一词为蒙古语“德顺召”的简称，汉意为“高岗”或“岗地”。全乡现有19个行政村，64个自然屯，蒙古族居民主要聚居在乌兰图嘎村和庆丰村。

莫莫格蒙古族乡

莫莫格蒙古族乡位于镇赉县县城东部，距县城45公里。现辖13个行政村，一个乡直场，45个自然屯。少数民族有蒙古族、满族、达斡尔族、回族。其中，蒙古族人口约占全乡总人口的40%。全乡

莫莫格动物保护区芦苇蒲草湿地

面积约527平方公里，耕地面积4 823公顷，林地面积3 567公顷，草原面积14 636公顷。

哈吐气蒙古族乡

镇赉县哈吐气蒙古族乡所在地距镇赉县城北偏东55公里，东与五棵树镇为邻，西与东屏镇相连，南与莫莫格乡接壤，北与坦途镇交界。全乡幅员面积156平方公里，现辖5个行政村，3个直属场。“哈吐气”为蒙古语，汉意为“硬气”。

哈吐气蒙古族乡人民政府

呼和车力蒙古族乡

呼和车力蒙古族乡位于洮南市境内西南部，距市区36.5公里，东与安定镇为邻，西与内蒙古新加木苏木毗连，南与通榆向海接壤，北与大通乡交界。现辖车力村、立业村、榆林村、宏图村、兴发村、创业村等7个行政村，19个自然屯。全乡总面积约260平方公里。

胡力吐蒙古族乡

胡力吐蒙古族乡位于洮南市区西北150公里，全乡面积约149.6平方公里。蒙古族主要居住在育林、满兴、晋隆村。现辖胡力吐村、育林村、晋隆村、长青村、水泉村、新起村、双庙村、炭窑村、双发村、满兴村10个行政村。“胡力吐”为蒙古语，汉意为“围墙”。

该乡风景秀丽，境内多处自然景可供人们游览观光，尤以老道沟风景区最引人入胜。

向海蒙古族乡

向海蒙古族乡位于通榆县西北部，距县城最近距离约10公里。东与双岗镇、鸿兴镇、开通镇相连，南与新兴乡、乌兰花镇、兴隆山镇交界，西与内蒙古科尔沁右翼中旗毗邻，北与洮南市接壤。

2005年合乡并镇时，将四井子镇、西艾力蒙古族乡并入向海乡。现辖16个行政村，78个自然屯。

包拉温都蒙古族乡

包拉温都蒙古族乡隶属通榆县管辖，位于吉林省通榆县的西南部，距县城约95公里，东与瞻榆镇相连，南与通辽市相邻，西与兴安盟相邻，北与良井牧场、新发乡相邻，面积244平方公里。现辖4个行政村，11个自然屯。"包拉温都"为蒙古语，汉意"紫色的山岗"。

该乡有一处绵延数十里的山岗，山岗上长满了茂密的蒙古山杏（野杏）树林，这就是科尔沁沙地上堪与通辽国家级自然保护区大青沟相媲美的包拉温都山杏林自然景区，吸引着大批国内外摄影爱好者及游客到此观光旅游。自然保护区内有蒙古山杏、蒙古黄榆、蒙古柳、蜡条柳、山杨、家榆、欧李等。

包拉温都蒙古族乡万亩天然杏树林

新艾里蒙古族乡

新艾里蒙古族乡隶属大安市管辖，位于大安市西北部，距大安市90公里，东与烧锅镇乡相邻，南与来福乡相连，西与舍力镇接壤，北隔洮儿河与镇赉县黑鱼泡乡相望。"新艾里"为蒙古语，汉意为"新屯"。现辖5个行政村，9个自然屯，乡镇府在富兴村所在地的前岗子屯。

洮儿河俯瞰

新艾里蒙古族乡是大安市唯一一个民族乡，该乡紧紧围绕“突出蒙古族特色、建设和谐新艾里”的主题，全力打造“密林深处新艾里，生态文明小康村”，新农村建设取得了长足进步，基本形成了“农牧并举、基地支撑、多元增收、团结和谐”的发展格局。一个具有实力、充满活力、富有魅力的新艾里正在吉林西部悄然崛起。

那木斯蒙古族乡

那木斯蒙古族乡是双辽市唯一一个蒙古族乡，与双辽市郑家屯镇相望，南部和西部与科尔沁左翼后旗布墩苏木接壤，北部与科左后旗欧里木乡相连。乡政府设在后舍力屯，距县城8公里。那木斯蒙古族乡与双辽市内其他乡镇不同的是，所辖的10个行政村分布在三块互不相连的土地上，其地理方位以双辽市区为坐标分别是西三村、北三村、南四村，三方土地呈鼎足之势，分布在西辽河西岸，犹如三星捧月，将双辽市区护在中央。“那木斯”为蒙古语“那木斯尔”的转音，汉意为“口子”“通道”或“要塞”。

松原市前郭尔罗斯蒙古族自治县蒙古族村

查干花蒙古族镇伯音花村、查干花村、乌兰花村、五井子村、昂格来村、东三家子蒙古族乡东三家子村、瓦房村、小庙子村、乌兰图嘎蒙古族镇乌兰村、大德营子村、浩特村、乌兰敖都蒙古族乡杨家围子村、赵全村、乌兰塔拉蒙古族乡大什村、大乌龙村、深井子镇七棵树村、八郎蒙古族镇八郎村、陶克陶胡村、苏玛村、长山蒙古族镇东库里村、西库里村、新庙蒙古族镇庙东村、庙上村、偏脸子村、达里巴乡灯笼山村、前郭镇鲜丰村、吉拉吐蒙古族乡七家子村、锡伯屯村、哈拉毛都蒙古族镇前哈拉毛都村、后蒙村、春光村、后店村、大山乡额如村、套浩太乡查干吐莫村、套海村。

白城市蒙古族村

镇赉县嘎什根乡前围子蒙古族村、后围子蒙古族村、丹岱乡乌林西佰蒙古族村、立新蒙古族村、沿江乡西二龙蒙古族村、后少力蒙古族村、前少力蒙古族村、东屏乡大龙蒙古族村、大屯镇代头蒙古族村、茨勒营子蒙古族村、五棵树镇八家子蒙古族村、前英台蒙古族村、通榆县新华镇朝阳蒙古族村、什花道乡海金蒙古族村、新发乡红旗蒙古族村、乌兰花乡沙力海庙蒙古族村、兴隆山镇交格庙蒙古族村、鸿兴镇前程蒙古族村、开通镇光明蒙古族村、开通镇向荣蒙古族村、开通镇羊井子蒙古族村、开通镇黎明蒙古族村、洮南市那金镇互利蒙古族村、那金镇向阳山蒙古族村、聚宝乡宝泉蒙古族村、野马乡双河蒙古族村、向阳乡新村蒙古族村、二龙乡兴义蒙古族村、洮府乡长荣蒙古族村、大安市静山乡长青蒙古族村、洮北区德顺蒙古族乡侯家乡西五蒙古族村、平安镇中兴蒙古族村。

四平市双辽那木斯蒙古族乡蒙古族村

那木村、井岗村、乌兰吉村。

三、社会团体

1. 吉林省蒙古族文化与经济促进会

为了更好地贯彻落实党的民族政策，广泛联系全省蒙古族同胞，继承和弘扬蒙古族优秀文化传统，促进蒙古族文化与经济发展，经省民委、省民政厅等政府部门审批，在相关领导的关心支持下，2011年4月16日“吉林省蒙古族文化与经济促进会”成立，吉林农业大学博士生导师图力古尔教授任会长。

吉林省蒙古族文化与经济促进会成立以来，为继承和弘扬蒙古族优秀文化传统、促进蒙古族文化与经济发展做出了积极的贡献。

几年来，促进会通过召开“纪念成吉思汗诞辰”“那达慕大会”等大型活

2011年4月16日，吉林省蒙古族文化与经济促进会成立大会

吉林省蒙古族文化与经济促进会活动——蒙文学习班

动，以及开设“蒙语文班”“马头琴班”“合唱团”等形式，丰富了吉林省蒙古族同胞的文化生活，为传承和发扬蒙古族文化做出了突出贡献。同时，促进会还组织开展了一系列助学帮困、下乡义诊等关注民生活动，用实际行动传递着党和政府的温暖。2014年会长图力古尔被国务院授予“民族团结进步模范个人”称号。

2015年12月12日上午，吉林省蒙古族文化与经济促进会代表大会在吉林省会展中心召开。大会选举产生了第二届常务理事会，以及第二届会长、副会长、秘书长。中国科学院长春光学精密机械与物理研究所研究员、博士研究生导师巴音贺希格当选为会长。

2. 长春市蒙古族文化促进会

2014年6月7日，以促进蒙古族文化发展、增进民族团结与社会和谐为宗旨的社会公益性机构——长春市蒙古族文化促进会成立。杨光担任会长。

“吉祥三宝”参加乌日根浩特演唱会

长春市蒙古族文化促进会是传承和发展民族优秀文化、努力打造蒙古族文化品牌的重要民间社团组织，现有会员180多人。

2014年7月12日，长春市蒙古族文化促进会成立大会暨首届“乌日根浩特演唱会”在长春市东北风大剧院隆重举行。邀请了

长春市蒙古族文化促进会活动——马头琴教学班

蒙古族艺术家“吉祥三宝”、白玉花、苏亚、达古拉、宋玉柱等演员助阵，同时也得到了前郭县歌舞团的全力赞助，这台节目受到广大蒙古族同胞的一致好评。

长春市蒙古族文化促进会在杨光会长的带领下，在省市民委及其他政府部门的正确领导下，组织举办了长春市蒙古族第九届那达慕大会、长春市蒙古族业余篮球联赛、“吉祥蒙古人”御花园游园、纪念成吉思汗诞辰853周年等一系列具有影响力的活动。同时，开办了长春市蒙古族合唱团培训班、马头琴及舞蹈培训班等。为弘扬蒙古族传统文化、丰富蒙古族群众业余文化生活起到了积极的作用。为有效宣传党的民族政策和贯彻落实城市民族工作条例、促进民族团结与和谐、弘扬蒙古族优秀传统文化做出了重大贡献。

2015年8月7日，长春市民族工作会议暨第六次民族团结进步表彰大会在长春市委礼堂召开。长春市蒙古族文化促进会被授予“民族团结进步先进集体称号”，长春市蒙古族文化促进会常务副会长巴音贺希格、副会长郭丽、秘书长吉日木图被评为民族团结进步先进个人。

3. 吉林省西部区蒙古文学学会

吉林省西部区蒙古文学学会始建于1984年10月，是吉林省唯一研究、创作蒙古文学的社会团体。会刊为《金鹰》，会址设在吉林省松原市前郭尔罗斯蒙古族自治县。现有会员近百人，第一至三届理事长：思勤；常务副理事长：苏赫巴鲁。第四届名誉理事长：苏赫巴鲁；理事长：恩和（何平）。

《金鹰》书影

吉林省西部区蒙古文学学会在“双百”“二为”的文艺方针指导下，巩固民族团结，文化交流，培养人才，繁荣创作，多出精品。在中国蒙古文学学会的指导下，在吉林省民族事务委员会、吉林省宗教事务局的支持下，努力践行“爱国、为民、崇德、尚艺”的社会主义文艺的核心价值观，为中华民族的伟大复兴而努力奋斗。

1984—2015年，学会会员先后出版了《蒙古族婚礼歌》《成吉思汗传说》《齐王史略》《蒙古族四弦琴演奏家·苏玛》《陶克涛胡》《成吉思汗传·一统蒙古》《成吉思汗传·开疆拓土》《阿勇干·散迪尔》《郭尔罗斯婚礼词》《吉林蒙古民歌》《迅雷·森德尔》《苏赫巴鲁诗选》《太阳的花环》《原上草》《二十一世纪的花环》《七彩的草原》《大漠神雕》《当代伦理学》《扎木苏、乌日娜作品选》《郭尔罗斯烽烟录》《月亮的光辉》《穹庐走马》《漠南神笔——古拉兰萨传》《蒙古行》《吉林蒙古族民歌及其研究》《博斋琐笔》《大野芳菲——丹麦探险家与蒙古王女》《郭尔罗斯考略》《吉林蒙古人》《猎人与公主》《查干湖旅游》《科尔沁萨满教研究》《陶克陶胡传》《蒙古秘史·文学本》《宫廷情猎》《博·巴彦都楞诗选》《苏赫巴鲁研究》《前郭尔罗斯简史》《郭尔罗斯文学概论》《苏玛四胡演奏法》《乌银长短句》；创作、刊发、播映了电影文学剧本《成吉思汗》，电视剧《太阳的女儿》，话剧《少年铁木真》《铁骑之子》，广播剧《牧童与金丝鸟》《中国民间文学集成吉林卷》等。

会刊《金鹰》自1991年创刊至今，已出刊30期，刊出各类文艺作品大约300余万字。《金鹰》已被蒙古国作家协会图书馆和总统府书房收藏。

4. 松原市蒙古族文化遗产保护协会

松原市蒙古族文化遗产保护协会于2015年5月31日正式成立。该协会经松原市民政部门批准成立，隶属于松原市民族事务委员会主管，是吉林省第一家从事少数民族文化遗产保护的非营利性、独立法人社会团体。在协会成立大会暨第一次会员代表大会上，通过了协会章程及财务制度等，选举了19名理事和5名领导机构组成人员，亿力齐当选为会长，聘请了苏赫巴鲁为名誉会长、伯颜都仍（包广林）为首席文化顾问。协会内设了综合部、非遗保护部、文物遗址部、民族艺术部、理论研究部等，共13个部（组）。

松原市蒙古族文化遗产保护协会积极开展文化遗产保护和蒙古族文化传承活动，受到了社会各界的好评。中央电视台蒙古语网络频道、内蒙古蒙古

苏赫巴鲁（左）与阿荣为松原市蒙古族文化遗产保护协会揭牌

语卫视分别报道了协会成立及开展的纪念成吉思汗诞辰853周年祭祀活动。组织非遗传承人参加了省文化厅在长春举办的文化遗产日系列活动；组织部分理事和会员，实地考察了从事非遗生产性保护或传承活动的6家企业，并认定为“蒙古族文化遗产传承基地”。协会购置了马头琴、潮尔、托布秀尔等民族乐器，以前郭县马头琴教师为骨干组建了“陶克陶胡乐队”，并开始排练郭尔罗斯民歌、乌力格尔等节目。下半年，协会联合前郭县前郭尔罗斯镇娜荷芽社区举办了蒙古族文化培训班，分别开设了蒙古语言、文字、书法、美术、马头琴等课程，利用暑假对蒙古族青少年开展了免费培训。

协会成立以来，不断加强对外交流与合作，先后同省蒙古族文化与经济促进会、中国北方民族文化遗产研究会、内蒙古蒙元文化研究会、青海省德都民族文化传播中心等兄弟协会建立了密切的联系。

第十章 名人先贤

一、古代人物

1. 纳仁汗——纳仁汗浩特的创建者

纳仁汗是古郭尔罗斯部落首领，原居于蒙古高原三河之源的根河流域。约承安三年（1198），纳仁汗率郭尔罗斯部众沿嫩江迁徙至松嫩两江交汇处的松嫩平原驻牧，在原宁江州旧城址（伯都讷）建纳仁汗浩特。其所辖区域以辽代宁江州即现宁江区和扶余市为中心，东至拉林河，西至洮儿河、霍林河下游地区，南至饮马河、伊通河下游，北至嫩江下游、松花江干流上游南畔。从此，纳仁汗的豁罗剌思部游牧于此，历经元、明两代，直到清朝初年。

纳仁汗雕像

贞祐二年（1214），成吉思汗大军第二次征伐金国，出兵三路，由哈布图·哈萨尔率领左路军征伐辽东地区，收服金宣抚使蒲鲜万奴后，一路沿松花江、嫩江、洮儿河沿岸，收服了在这一流域游牧的豁罗剌思部纳仁汗，然后回漠北大营。从此，游牧于嫩江、松花江交汇处一带的豁罗剌思部纳仁汗，归附了蒙古成吉思汗。

明代，纳仁汗所领豁罗剌思部人仍在嫩江、松花江交汇处一带游牧，这里归属奴尔干都司撒叉河卫管辖。嘉靖十年（1531），原在呼兰河流域的女真部塔山左卫曾一度迁到松、嫩江交汇处，纳仁汗所领豁罗剌思部的势力也越来越小，无力与外部抗争，被人们称为“沿江的人们”，即蒙古语口语“高勒楚德”。嘉靖二十六年（1547），哈萨尔十四世孙奎蒙克·塔斯哈喇来到嫩江流域，其孙乌巴什占领了纳仁汗领地，以郭尔罗斯为部号，纳仁汗所属豁罗剌思人大部融入乌巴什的郭尔罗斯部，其少数仍以卦勒察为号，于清初被编入正白旗，取名纳仁汗苏木，从此成为八旗蒙古之一。

2. 火原洁——《华夷译语》编纂者之一

火原洁，系元末明初郭尔罗斯人，著名翻译家。朱元璋建立明朝后，元末帝妥欢帖睦尔率众北走塞外。妥欢帖睦尔走后，还有相当一部分蒙古人留在明朝辖境内，这时，不仅有大批蒙古历史文献、文书档案需要整理。同时，域内的蒙汉民族及其他民族在日常交往中也需要语言交流。因此，编纂一部蒙汉文对照的词汇集的任务就摆在当政者的面前。

《华夷译语》书影

元代疆域广阔，民族众多，先后设立了“蒙古房”“蒙古官学、唐古特学及托忒学”等官署，培养熟谙蒙文、藏文、托忒文的专门人才，并负责翻译蒙、回、藏文书籍。明朝初年，为了了解元朝的情况，洪武十五年（1382）正月，明太祖朱元璋命通晓蒙汉两种文字的翰林院侍讲火原洁与编修马沙赤黑二人，在光华门附近的会同馆里编纂一部“用汉字译写胡语”的词典，这就是中国工具书史上第一部正规的多文种词典——《华夷译语》。

《华夷译语》中收录了多种少数民族文字，包括蒙古、女真、高昌（畏兀儿）、西番（藏）、倮倮（彝）、壮、百夷（傣）等，古蒙古文即八思巴文亦为其中一种。这部词汇集刊发后对沟通蒙汉语言、促进民族关系、推动民族间的文化与经济交流、研究当时的蒙古语言及历史发挥了重要作用，也为后世研究当时的蒙古语言及历史提供了重要依据。

3. 固穆——郭尔罗斯前旗首任札萨克辅国公

固穆，郭尔罗斯前旗首任札萨克辅国公。生年不详，卒于崇德八年（1643），其子孙世代承袭郭尔罗斯前旗的札萨克职和辅国公爵。崇德元年（1636），固穆受封“札萨克辅国公”“世袭罔替”，是郭尔罗斯部第一个受清朝廷册封的蒙古王公。崇德八年（1643），固穆去世。顺治五年（1648）郭尔罗斯部以嫩江为界，分为前、后二旗，固穆的四弟桑噶尔济因有军功，被清朝廷封为札萨克辅国公，执掌郭尔罗斯前旗。

固穆画像

4. 恭格喇布坦——郭尔罗斯前旗农耕文化的开拓者

恭格喇布坦，郭尔罗斯前旗第九任札萨克辅国公。恭格喇布坦于乾隆二十二年（1757）袭辅国公，属于闲散王公。乾隆三十二年（1767）、乾隆四十四年（1779）两次被乾隆皇帝指婚，娶皇族弘晀之女和永嘉之女，成为皇家额驸，并在郭尔罗斯前旗西部查干花昂格来建额驸府，并将札萨克驻地第一次由公爷府屯东移。

乾隆五十六年（1791），额驸、辅国公恭格喇布坦未奏明朝廷，将郭尔罗斯前旗东部靠柳条边宽城子一带牧地，招山东农民张立绪等人入境拓荒，垦种庄稼，以农耕土地出租增加蒙旗收入，这是郭尔罗斯前旗蒙地放垦之始。

乾隆六十年（1795），札萨克一等台吉阿喇布坦去世，朝廷将郭尔罗斯前旗札萨克一职授予固穆七世孙恭格喇布坦。

恭格喇布坦雕像

恭格喇布坦于嘉庆三年（1798）去世，由其长子绰克温都尔恩克巴拜袭任札萨克辅国公，成为郭尔罗斯前旗第十任札萨克。

5. 富俊——四任吉林将军、蒙古族进士

富俊（1749—1834），诗人、语言学家。乾隆四十四年（1779）为固什（翻译）进士，世袭骑都尉，授礼部主事。乾隆五十八年（1793），迁内阁蒙古侍读学士、内阁学士，兼副都统。嘉庆元年（1796）为兵部右侍郎、科布多参赞大臣、叶尔羌办事大臣、乌里雅苏台参赞大臣、镶红旗汉军都统等职。嘉庆八年（1803）五月癸丑首任吉林将军，八月改任盛京将军。嘉庆十九年（1814）二任吉林将军，任职近三年。嘉庆二十三年（1818）九月戊午，三任吉林将军。道光二年（1822）六月，授理藩院尚书。道光四年（1824）二月丁酉，由尚书调补，四任吉林将军。道光七年（1827）七月，晋任协办大学士。

富俊雕像

富俊喜好文事，通蒙满汉三种语言文字，且著作丰厚。富俊为官清廉，勤奋从政，对吉林的土地开发、实业建设乃至文教兴起多有贡献。嘉庆十九年（1814），富俊创办吉林教育史上最早的“白山书院”。在重文兴教的同时，也十分重视实业开发。道光元年（1821），批准开采荒山子等四处煤矿，由军署发许可证于人民，此为吉林地方矿业开采之始。富俊首要业绩当属双城堡屯田：道光元年（1821），在伯都讷屯田。道光四年（1824），开放伯都讷围场。

道光十四年（1834），富俊病逝，终年86岁。后追记为“太子太保”。

二、近现代人物

1. 陶克陶胡——反清抗日抗垦英雄

陶克陶胡（1864—1922），孛儿只斤氏，出生在郭尔罗斯前旗北部塔虎城附近的三家子（今吉林省前郭尔罗斯蒙古族自治县八郎镇）。

清末，朝廷实行“移民实边”政策，郭尔罗斯前旗札萨克齐默特色木丕勒先后出卖了大片牧场，激起蒙民的反对。在乡亲们的推举下，陶克陶胡曾去王府请愿，要求面见王爷。管旗章京不但不予引见，反而毒打陶克陶胡五十大板，并将他撵出王府。为了保卫家乡的草原和土地，为了反抗王爷的鞭子、官差和法律，陶克陶胡被推举为首领，举起反抗大旗，于光绪三十二年（1906）九月二十三日凌晨发动了武装起义。

陶克陶胡

陶克陶胡率领义军于当年九月末向毛道吐进军途中，遇见了测量地形、绘制地图的日本人。经过审讯，陶克陶胡得知王爷不仅把土地卖给清朝官吏，还引狼入室，勾结外强掠夺蒙地。一怒之下，陶克陶胡将日本人全部处死，从此也被朝廷和官府列入征剿的名单之中。

随后，陶克陶胡率义军转战吉林、辽宁、内蒙古、黑龙江等地，与清军、各旗王府卫队交战104次。由于陶克陶胡勇敢机智，起义军纪律严明，打了许多漂亮的战役，如“德隆烧锅战斗”“王老买卖战斗”“陶和木图战斗”，特别是“哈达吐宝力嘎战斗”最为精彩，广为后人传颂。

2. 白音仓布——蒙古族民间故事家、作家

白音仓布（中）

白音仓布（1900—1990），1924年自办私塾，开始从教。后经他人推荐，到前郭王府教书。

白音仓布在八郎教书时，结识了一位陶克陶胡义军里的谋士、军师乃旦扎布，听他讲述了陶克陶胡从率众起义到最后离开索伦山，转道沙俄进入蒙古国，历经104次战斗的全过程。从而他渐渐萌发了编唱“乌力格尔”《陶克陶胡》的设想。

在民众教育馆里，白音仓布招聘一位驰名郭前旗的“乌力格尔”说书艺人——青宝。白音仓布与他感情甚笃，互相经常切磋琴书技艺。从这个时候起，他才开始说唱“乌力格尔”。1944年，王爷庙成吉思汗庙竣工时，郭前旗派人参加庆祝活动，并演出了白音仓布与青宝合作的“乌力格尔”《折箭同义》。1959年，白音仓布60岁的时候，被前郭县民族歌舞团聘用，开始整理陶克陶胡史料。1961年，前郭县成立蒙古族曲艺社，白音仓布任主任，开始专业说唱“乌力格尔”蒙古族琴书。白音仓布于1971年离职。“文革”后重新整理陶克陶胡史料。1982年，在他83岁的时候，终于完成了长篇故事《陶克陶胡》的创作。继后，他又完成了《火烧龙王庙》等中篇故事。

1991年，吉林省民间文艺家协会授予白音仓布“民间故事家”光荣称号。

3. 桑杰扎布——长篇英雄史诗《格斯尔传》翻译者

桑杰扎布（1907—1979），生于前郭尔罗斯蒙古族自治县哈拉毛都乡小城子村。自幼聪慧，青少年时代曾在扶余满蒙校、奉天蒙旗师范学校就读。

桑杰扎布

1933年10月—1938年8月，在日本东京早稻田大学政治经济系学习。归国后在伪满洲国兴安总省王爷庙（今乌兰浩特）兴安学院任教，后调任扎兰屯师范学校校长。

1945年，桑杰扎布回到家乡郭尔罗斯前旗。同年8月，与中共地下党接触，并辅助高万宝扎布等蒙古族青年学生在中共领导下筹建“大同会”，参加了中共在长春市举办的“马列主义读书班”。1945年冬，桑杰扎布任东蒙自治政府总务处处长，后任内蒙古自治运动联合会执行委员兼常务委员。1947年担任北安军政大学历史教员，讲授蒙古史。

1948年，桑杰扎布任内蒙古自治区文史研究会主任。1953年7月，任内蒙古师范学院历史系主任，讲授中国古代史和蒙古史。1963年，任本院蒙古语言文学系副主任、教授。1954—1966年，任内蒙古第二届至第五届的政协委员。

“文化大革命”中，桑杰扎布以“日本特务”等莫须有的罪名遭受迫害而致残。党的十一届三中全会以来，内蒙古自治区党委、人民政府拨乱反正为桑杰扎布平反昭雪，恢复名誉，追认为“人民教育家”称号，并颁发证书。

桑杰扎布教授一生著述甚丰，生前侧重于蒙古族文学典籍的整理翻译工作。他翻译整理的蒙古族长篇英雄史诗《格斯尔传》，1960年由人民文学出版社出版。他汉译尹湛纳希著的长篇传记小说《青史演义》，是当前国内汉译本的最高水平。

《格斯尔传》书影

4. 乌云达赉——著名《蒙古秘史》学者

乌云达赉（1907—1989），吉林省通榆县人，祖籍卓索图盟土默特右旗（今朝阳）。1927年，毕业于奉天省立第四高中后，赴日本东京东亚高等预备学校学习。

1928年，乌云达赉就读日本正则英语学校，继而考入东京早稻田大学政治经济系。1931年毕业回国。曾历任伪兴安南省官员、驻日使馆二等秘书、西科前旗（科右前旗）旗长以及兴安盟盟长等职。

中华人民共和国成立后，乌云达赉曾任内蒙古自治区工商部《工商通讯》编辑。1956—1960年，参加中央少数民族社会历史调查组（鄂温克小组）工作。1962年，乌云达赉奉调内蒙古语言文学历史研究室（今内蒙古社会科学院历史研究所）从事《蒙古秘史》研究，曾任蒙古史研究所文献研究室主任。

乌云达赉主要论著有《〈蒙古秘史〉词汇选译》《〈蒙古秘史〉校勘本》。

5. 包彦——延安时期的蒙古族干部

包彦（1912—1985），出生在郭尔罗斯前旗昂格来努图克西三家子村。1919年在本旗私塾读书，后入“纳日罕”（扶余）满蒙学校学习。1929年经郭尔罗斯前旗的齐王爷亲自考核，被选送沈阳蒙旗师范学校深造。

包彦

九一八事变后，包彦流亡到北京，于1932年参加了“内蒙古人民革命党”，在第三国际领导的内蒙古领导小组工作。他先在北平做一些蒙古族上层人士的统战工作，后来组织派他打入德王内部，担任伪蒙疆电台台长。这一时期，他先后在百灵庙、归绥（今呼和浩特）、包头等地从事地下工作，一方面搜集伪蒙疆的情报；另一方面做伪蒙疆士兵的争取工作，机智地完成了组织交给他的任务。

1940年，包彦在中共北平地下党组织的帮助下奔赴延安革命圣地。在延安，组织上安排他在陕北公学工作，后来又分配到延安民族学院担任蒙语教员。1945年秋季，包彦受组织委派从延安到张家口，在乌兰夫同志领导的内蒙古自治运动联合会工作，担任宣传部副部长。

1946年，包彦加入中国共产党。他作为内蒙古自治运动联合会的代表之一，在乌兰夫同志领导下参加了为统一东西蒙古族自治运动而召开的历史上著名的“四三会议”。会后，被派往内蒙古骑兵第二师担任副政委。

包彦曾当选为首届全国政协委员，后来又担任政府文教部副部长。1955年，调到内蒙古自治区体育运动委员会担任主任，后升任党组书记。1956年，率领国家体育代表团出访蒙古国。

6. 超鲁——著名画家

超鲁（1913—1968），蒙古族著名画家，生于吉林省镇赉县。从小在寺庙里学过佛教绘画。

超鲁

20世纪三四十年代，超鲁在长春被聘为蒙古文创办的《青旗日报》美术编辑，开始接触东西方美术学派，画风渐开，尤其擅长年画、插图美术。1945年后，超鲁参加革命，开始从事新闻和美术工作。先后任东蒙自治政府文教部《美术》主编、出版局局长，兼《新生报》社长、《东蒙新报》社长、内蒙古军区《战斗报》社长等职务。1947年5月，内蒙古自治区成立后，历任《内蒙古画报》编辑、《内蒙古日报》总编室副主任兼美术组组长等职务。

超鲁除年画、连环画创作以外，还擅长蒙古画、漫画及蒙古、汉书法和蒙古族民间工艺美术等；在搜集整理蒙古族民间美术遗产方面也有突出成就。

新中国成立后发表的年画作品《四季生产图》，是当时中国最早出版的优秀年画作品之一。《折箭图》《训子》等美术作品系根据蒙文版本《蒙古秘史·五箭训子》故事创作的，在中国美术史上占有重要一席。

超鲁代表作之一——《训子》

超鲁先生曾任内蒙古政协第一届、第四届委员，中国美术家协会会员，内蒙古美术家协会副主席。

7. 方龄贵——云南师范大学教授、著名蒙古史学家

方龄贵（1918—2011），著名蒙古史学家，出生于郭尔罗斯前旗吉拉吐乡锡伯屯。1938—1942年，在“国立西南联合大学”历史系学习期间，选修姚从吾教授的“辽金元史”、邵循正教授的“元史”。毕业后，考入北京大学研究院文科研究所史学部，专攻蒙古史和元史。

方龄贵多年来侧重蒙古史、元史文献学，特别是对《元朝秘史》《通制条格》、元曲以及元代云南碑刻的研究。曾任中国蒙古史学会理事、中国民族史

方龄贵

方龄贵主要著作

学会顾问、西南民族研究会顾问、云南社会科学联合会顾问，云南史学会副会长、顾问等职。

方龄贵的主要论著有《大理五华楼元碑的发现及其史料价值》《（元朝秘史）通检》《元述律杰事迹辑考》《云南现存北元宣元纪年文献考述》《云南王藏经碑新探》《元明戏曲中的蒙古语》等。

三、当代人物

1. 巴图——翻译家、内蒙古大学副校长

巴图（1920—1991），出生于郭尔罗斯前旗昂格来努图克东白音花艾力。1927年在王府屯读小学，1933年在伪满兴安总省扎兰屯师道读书，1939年在伪满国立工业大学读书，1944年毕业后在扎兰屯师道任教。

巴图

《大统帅成吉思汗兵略》书影

1946年3月，参加革命，同年7月加入中国共产党。历任内蒙古骑兵一师二团政治处主任、三团副政委、政委。参加了1947年东北夏、秋、冬季攻势作战。1948年秋，巴图调离骑一师，任骑二师政治部主任。辽沈战役期间，参加指挥了所部解放长春、沈阳的战斗。

新中国成立后，巴图历任内蒙古骑二师副政委兼政治部主任、昭乌达军分区副政委、骑五师副政委兼党委书记。1955年授陆军上校军衔，1957年获二级解放勋章。1960年春，巴图转业到地方工作，历任中国科学院内蒙古分院党委书记兼副院长，内蒙古大学副校长、党委副书记。1982年调任内蒙古自治区经委副主任、党组成员。1983年8月，巴图离职。

他是一位著名的翻译家，曾译著《大统帅成吉思汗兵略》一书。

2. 布和吉雅——特等功臣

布和吉雅（1921—1948），吉林郭尔罗斯前旗人。1942年国民高等学校毕业，1947年从东北军政大学毕业被分配到内蒙古骑兵一师一团二连任排长。不久，到兴安盟科右前旗剿匪。战后，荣立一等功，晋升为副连长。同年，以功臣代表身份参加第一届内蒙古人民代表大会（史称“五一大会”），受到了自治政府主席乌兰夫的亲切接见，之后升任连长。

布和吉雅画像

1948年10月，在辽沈战役的黑山阻击战郭家窝棚战斗中，指挥二连战士歼敌百余人。战后，随部队调往胡家窝棚扼守敌人西进的公路要点。10月23日，指挥全连与敌精锐主力二〇七师展开肉搏战，身负重伤，与二排战士坚守阵地，最后与二排30余人全部壮烈牺牲。

1949年，布和吉雅烈士被追认为特等功臣。

3. 高万宝扎布——“大同会”创始人之一

高万宝扎布（1923—2015），出生在前郭王府努图克王府屯。1945年8月，在中共地下党的支持下，郭前旗蒙古族进步青年的群众组织——“大同会”成立了。高万宝扎布是创始人之一。1945年9月，大同会组建了蒙古人民革命军，高万宝扎布是创始人之一。1946年2月，建立了蒙古骑兵独立团，归属吉江军区领导。高万宝扎布先任该团的副政委，后任政委职。同年3月，郭前旗人民政府成立，高万宝扎布的父亲乌力吉布彦当选了第一任政府主席。同年6月，高万宝扎布加入中国

高万宝扎布

蒙古骑兵团雕像

共产党。

1948年8月1日，高万宝扎布参加辽吉军区庆功会，荣获两次大功，授予东北军区战斗英雄光荣称号，并颁发了奖章。1949年6月，高万宝扎布调任内蒙古骑兵三师政治部副主任、师党委委员。1950年入内蒙古党校学习。1952年任昭乌达军分区副政委。1954年，任锡林郭勒军分区第一副政委兼锡盟盟委第一副书记。1958年，任锡林郭勒军分区第一政委、锡盟盟委第一书记。

1975年，调任中共呼和浩特市委第二书记。1978年，任内蒙古计划经济委员会副主任。1981年，入中共中央党校学习。1982年，任内蒙古计委党组副书记。1984年，高万宝扎布在内蒙古军区离职休息（副军级）。2015年5月病逝。

4. 仁钦扎木苏的小说创作

仁钦扎木苏（1926—2002），郭尔罗斯前旗人，1945年8月参加“大同会”，1952年任郭前旗旗长，1956年6月任书记，1964年任白城地区行署副专员，1983年当选吉林省人大常委会副主任。

曾出版《夜探王爷府》《黎明烽火》《喇嘛庙的秘密》《烽火中的恋曲》《红豆》《候诊》《乌兰巴特尔的故事》《苏茹娅》《飞回的孔雀》等反映多方面题材的小说、散文、故事、叙事诗。2002年3月逝世。

5. 特·达木林——著名剧作家、《草原》主编

特·达木林（1926—1993），中国作家协会创作联络部副主任。生于吉林省镇赉县岔台乡少力村。1946年参加革命，随即入佳木斯东北大学鲁艺系学习。1947年，调入内蒙古文工团任演员兼编剧。1954年，调入内蒙古文化局

剧本创作室。1956年出席全国首届青年作者代表大会，并入中央文学讲习所学习。同年加入中国作家协会、中国戏剧家协会和中国电影家协会。1957年，任剧协内蒙古分会筹委会秘书长。1958年，筹建内蒙古电影制片厂，任筹委会主任。1960年，入内蒙古大学文艺研究班进修，同年参加全国第三次文代会，并在自治区第二次文代会上，被选为区文联副秘书长。1963年，任《花的原野》副主编。

特·达木林

1972年后，特·达木林致力于刊物的编辑工作，曾任《草原》副主编、主编。1981年，从内蒙古调入北京任《民族文学》编辑部主任。主要作品有歌剧、话剧、电影文学剧本共十余部。

6. 广布道尔基——著名电影导演

广布道尔基（1926—2002），国家一级著名电影导演，曾用名广道。1946年到辽西军政学校学习，毕业后分配到内蒙古骑兵二师政治部文工团当演员。后到东北军政大学学习，毕业后分配到内蒙古文工团当演员。

1949年，蒙古族第一部电影《内蒙古人民的胜利》，在东北电影制片厂开拍，广布道尔基主演孟和巴特尔，从此走上电影之路。1955年，广布道尔基正式调入长春电影制片厂任导演。1957年，他与蒙古族作家特·达木林编剧并执导了故事片《牧人之子》。作为副导演，他还参与了电影《寂静的山林》的拍摄，执导《前哨》《我们是一代人》。1962年后，广布道尔基先后调内蒙古电影制片厂、内蒙古歌剧团任导演，执导内蒙古电影制片厂第一部电影《乌兰敖德》。

广布道尔基

1974年，广布道尔基执导广西厂的第一部影片《主课》。1977年，从广西调回长影。在长影先后导演了《暗礁》《刑场上的婚礼》《父女

《前哨》海报

情》《家务清官》《客从何来》《女模特之死》《男儿要远行》。

广布道尔基曾获长影“小百花奖”、地质矿产部“钻石奖”、第30届世界地质大会筹委会地球和平奖等。

广布道尔基曾任长春电影制片厂艺术片创作室副主任、中国电影家协会二、三、四、五届理事，吉林省文联委员。1960年和1979年先后参加第三、第四届全国文代会。

2002年10月26日，广布道尔基在北京病故。

7. 韩汝诚——著名作家、长春市文联副主席

韩汝诚

《乌兰察布眷情》书影

韩汝诚（1933—2010），蒙古名博彦孟和。1948年参加革命，1950年毕业于哈尔滨医大，之后从事卫生防疫工作。1954年调长春市文联，其抒情诗《科尔沁的黄昏》在《人民文学》发表后，曾被多位作曲家谱曲，并获1956年辽宁省优秀歌曲奖。1981年，调回长春市作家协会从事专业创作。

主要作品有《天使与囚徒》《塞上仇踪——吕四娘别传》《二等巡官与马车夫》《间岛冷面屋》《金香炉》等六部长篇小说。另有中篇小说集《乌兰察布眷情》、短篇小说集《失掉高潮的悲喜剧》。

韩汝诚的长篇小说《二等巡官与马车夫》被拍摄成电视剧，《塞上仇踪——吕四娘别传》经本人改编，由长春电影制片厂拍成电影。短篇小说

《隐秘的情侣》获1980年《长春》佳作奖，中篇《乌兰察布眷情》获1982年首届《清明》文学奖，短篇《月光随想曲》与中篇《腊月》分别获吉林省第一、二届少数民族文学奖。

8. 朱国忱——考古专家“渤海王”

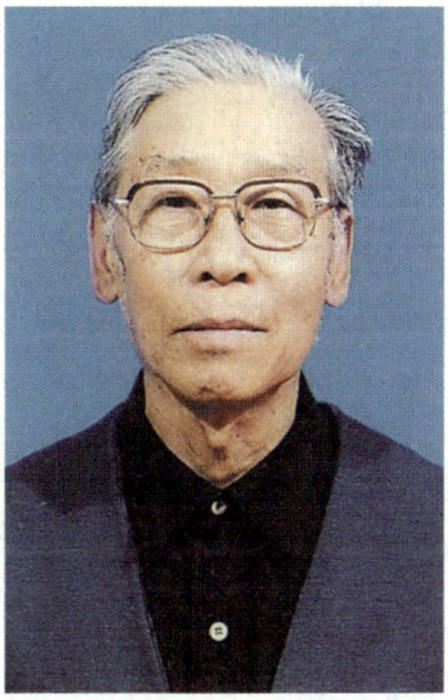
朱国忱

朱国忱（1935—2014），出生于吉林省大赉县（今大安市）静山乡后宝石村。启蒙于私塾，很早接触中国历史及传统文化。

朱国忱从事考古文博40余年，研究成果颇丰，足迹遍布黑水大地，曾多次参与或主持过黑龙江重大的考古调查和文物发掘工作。曾任黑龙江省文物考古研究所所长、中国考古学会理事、中国古都学会理事。

20世纪60年代初，朱国忱开始考察嫩江流域，这是继俄人路长什金和梁思永先生之后我国学者首次进行长时间大范围的调查，大大丰富了科学界对昂昂溪史前文化的认识。他的一篇考古论文《略论嫩江细石器文化》，提出“嫩江细石器文化”概念。其后，他率队调查嫩江下游及松花江沿岸地区，发现了目前学术界常说的“白金宝文化”（青铜时代）。20世纪80年代初，他开始进行“渤海国”上京宫城遗址的发掘。这次发掘，在某些方面纠正了日本《东京城》和朝鲜的《渤海文化》等著述中的严重失误和疏漏。20世纪80年代末，他进行了金代齐国王墓的发掘，出土一批极其珍贵的服饰冠带等文物，引起海内外学术界的极大关注，填补了我国服装史的某些空白。这一发现被称为“北方马王堆”。20世纪90年代初，他又进行了渤海上京城北三灵2号墓的发掘，发现了十分珍贵的壁画，引起国内外的轰动，被评为全国“十大考古发现”之一。

朱国忱早年曾以“丹化沙”笔名发表文章。发表的论著和译著百余篇，其中《渤海史稿》是他最有影响的专著之一。2014年10月14日病逝。

9. 一忒阁乐——画家、书法家

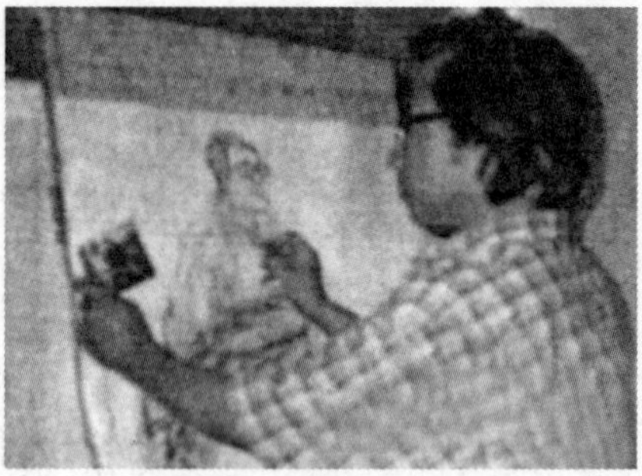
一忒阁乐

一忒阁乐（1941—2002），汉名唐景文，1941年出生在辽宁省阜新蒙古族自治县淖尔巴勒嘎斯（今泡子镇）助占布拉克村（今聚将屯）。

1958年，随其兄唐景春迁入吉林省前郭尔罗斯蒙古族自治县。1961年，在前郭县蒙古族中学高中毕业后从事教育工作，后调入县文化馆做美术辅导员。在此期间曾结业于东北师范大学美术系，毕业于中国书画函授大学。一忒阁乐多年从事美术、书法辅导工作，桃李满天下。一忒阁乐的书画作品有几百件在国内外展出发表。

1991年3月，北京民族文化宫举办了“一忒阁乐书画展”，展其书画作品108件。1994年，一忒阁乐书法作品选入《成吉思汗箴言蒙汉合璧书法集》。1995年，吉林电视台《中国吉林》专栏通过美国斯拉科卫星电视台向全世界播出了《蒙古族书画家——一忒阁乐》专题。他的作品在吉林、内蒙古、北京、香港及蒙古国、韩国等均被多人收藏。

2002年5月，一忒阁乐因病去世。

10. 捷尔戈——著名导演、制片人

捷尔戈（1952—1994），祖籍吉林省前郭尔罗斯蒙古族自治县。1977年考入中央戏剧学院导演系，毕业后分配到内蒙古民族剧团任导演。1983年受聘于香港银都机构长城电影公司，任编剧兼副导演，1992年受聘于香港正东制作有限公司，担任制片人、国内制片总代理。

捷尔戈在大学期间，曾指导过山东淄博市文工团演出五幕话剧《香港大亨》，在北京参加巴尔扎克话剧《做纸花的姑娘》的演出，扮演剧中德维尔贝将军，并担任分场导演。

捷尔戈

1981年，捷尔戈担任专职导演，参加电影《成吉思汗陵前》的筹备工作，兼任场记。1983年，参加香港银都机构长城电影公司拍摄电影《一个女教练员的自述》《南北少林》；电影《黄河大侠》编剧之一，任副导演；《无敌小子》编剧、副导演；《她来自台北》编剧、副导演。创作电影文学剧本《飞红中》，被香港银都机构采用。捷尔戈曾担任电影《中华英雄》的编剧、副导演。

捷尔戈独立执导电视报告剧《聚宝姑娘》、九集连续剧《瀚海风云路》，在地方台和中央电视台播出。1992年，受聘于香港正东制作有限公司拍摄完成功夫巨片《狮王争霸》《王者之风》《方世玉》《谁与争锋》《太极张三丰》《少林五祖》。

1994年筹划拍摄电影《精武英雄》期间，不幸遇车祸罹难，年仅42岁。

参考文献

1.【波斯】拉施特·哀丁，余大均，周灵奇. 史集（第1卷）. 商务印书馆，1983

2.【日】田山茂著，潘世宪. 清代蒙古社会制度史. 商务印书馆，1987

3. 孙进已. 东北民族源流. 黑龙江人民出版社，1989

4. 田志和，潘景隆. 吉林建置沿革概述. 吉林人民出版社，1990

5. 苏博. 前郭尔罗斯蒙古族自治县志. 辽宁民族出版社，1993（7）

6. 白蕾，包玉文. 苏赫巴鲁研究. 中国国际广播出版社，1998

7. 额尔德木图，孟和. 科尔沁文化史. 内蒙古人民出版社，2002

8. 长春社会科学院. 长春厅志·长春县志. 长春出版社，2002

9. 王迅. 郭尔罗斯考略. 辽宁民族出版社，2002（3）

10. 琪格其图. 现代蒙医学. 辽宁民族出版社，2002（7）

11. 杜家骥. 清朝满蒙联姻研究. 人民出版社，2003

12. 任凤春. 白城史略. 吉林人民出版社，2003（7）

13. 文精. 蒙古族大辞典. 内蒙古人民出版社，2004（12）

14. 葛根高娃，乌云巴图. 蒙古民族的生态文化. 内蒙古教育出版社，2004（11）

15. 苏赫巴鲁. 吉林蒙古人. 吉林文史出版社，2004（9）

16. 刘加绪. 前郭尔罗斯简史. 辽宁民族出版社，2005

17. 包东嘎. 吉林省八省区蒙语文协作. 吉林人民出版社，2005（12）

18. 呼和少布. 前郭尔罗斯蒙古族自治县志（1986—2000）. 吉林文史出版社，2006

19. 孟广耀. 蒙古民族通史. 内蒙古大学出版社，2007（11）

20. 王兴顺. 松原文史资料. 中国国际文化出版社，2008

21. 阿汝汗. 松原文化述略. 时代文艺出版社，2009

22. 金海，齐木德道尔吉，胡日查，哈斯巴根. 清代蒙古志. 内蒙古人民出版社，2009

23. 苏赫巴鲁，白蕾. 郭尔罗斯文学概论. 中国国际文化出版社，2009

24. 额尔德木图. 科尔沁历史与地理（下册）. 内蒙古文化出版社，2010

25. 韩树喜，何蔷薇. 郭尔罗斯瑰宝. 中国社会科学出版社出版，2010

26. 阿古拉. 蒙医药学. 内蒙古教育出版社，2010（12）

27. 阿汝汗，白蕾. 郭尔罗斯源流. 吉林人民出版社，2011

28. 阿汝汗. 松原蒙满祭祀文化. 吉林人民出版社，2011

29. 阿汝汗. 松原蒙满文化研究论文选集. 吉林人民出版社出版，2011

30. 林君. 吉林省非物质文化遗产名录图典. 吉林大学出版社，2011

31. 宋德辉. 白城历史文化之旅. 吉林人民出版社，2011

32. 苏赫巴鲁，董宗启、王文忠. 齐王史略，辽宁民族出版社，2011

33. 徐文海. 草原文学论稿. 中央民族大学出版社，2012（11）

34. 王风雷. 蒙古族全史·教育卷（下）. 内蒙古大学出版社，2013

（11）

35. 张玉香. 前郭尔罗斯年鉴（2013）. 吉林人民出版社，2013（11）

36. 张静岩，苏博，包玉文. 郭尔罗斯前旗变迁史. 吉林文史出版社，2014

后记

为了保护、传承和弘扬吉林各民族优秀传统文化，增强文化认同，促进各民族交往、交流与交融，建设各民族共有精神家园，在全省上下进一步营造和彰显关心、支持民族工作的良好氛围，吉林省民族事务委员会责成吉林省民族宗教研究中心组织策划完成了《吉林少数民族丛书》（以下简称《丛书》）。

《丛书》由《吉林朝鲜族》《吉林满族》《吉林蒙古族》《吉林回族》《吉林锡伯族》等五卷和《吉林少数民族风情》画册组成。全书各卷的编著者分别来自延边大学、吉林师范大学、吉林省教育学院、通化师范学院和吉林省民族宗教研究中心等高校和科研院所，均由热爱并熟悉本民族文化的专家学者担任，并吸纳了省内很多中青年学者参与编写工作，同时邀请了金炳镐、刘小萌、赵杰、吴元丰等众多享誉国内外的专家学者担任学术顾问。

2014年11月，原省民委主任阿汝汗主持召开《丛书》编写启动工作会议以来，先后召开了推进会、审评会和出版对接会，严格按照出版计划安排有序开展工作。省民委朴松烈主任、包力军副主任等领导一直高度关注《丛书》编撰工作，亲自审定书稿，并提出许多宝贵建议。编写期间，更得到了省政协、省委宣传部、省委统战部、省文化厅、省文联等相关部门领导的大力支持和帮助，也得到了省内民族自治地方和各民族乡（镇）、省民委机关处室、各地民委的全力配合。这套《丛书》列入了吉林省社科规划办重点委托项目，辽宁民族出版社吴昕阳副总编辑与张学林、佟强、李璜等编辑为《丛书》的顺利出版付出诸多心血。《丛书》在编写中，还借鉴吸收了有关专家的研究成果。各卷在撰写调研期间，得到了省内外众多倾心民族事业朋友们的热情帮助，提供了许多宝贵资料与图片，无法一一列举，在此一并表示衷心的感谢。《丛书》图片提供者参见《吉林少数民族风情》画册。

《丛书》的成功出版，不仅能让广大读者体察到时代和地域背景下吉林少数民族的现实生活，更是研究民族文化、了解民族工作的重要资料。

《吉林蒙古族》由吉林省教育学院教授赵准胜和《松原日报》编审包玉文主持。包玉文负责撰写第一、二、三、四、六章；赵准胜、包宝祥负责撰写第五章；包玉文、张静岩负责撰写第七章；包莲负责撰写第八章；赵准胜负责撰写第九章；珊丹负责撰写第十章。王彦达参与了本卷提纲策划修改工作，宋德辉、白蕾、亿力齐、包谨通、胡布和等提供了部分资料并参与部分编写工作。最后由赵准胜、包玉文统稿审定。

《丛书》是在较短时间内编写的公益普及性民族读物，由于内容涉及面广，加之时间仓促，谬误和不足之处在所难免，在此深表歉意，恳请读者给予批评指正。

《吉林少数民族丛书》编委会

2016年5月11日